薬に頼らず

認知症を治す方法

元国際医療福祉大学特任教授
一般社団法人 日本自立支援介護・パワーリハ学会会長
竹内孝仁

X-Knowledge

はじめに

体に何か異常を感じて病院に行くと、まず医師から「どうしました？」と問われます。それに対して、私たちは「熱があります」とか「咳が出ます」といった「症状」を答えます。症状が少し長引いていれば、「いつ治るのか不安で眠れません」といった「思い」も伝えるでしょう。

2回目の受診以降は「どうしましたか？」に代わって、「その後どうですか？」と問われます。それに答える言葉は、再び「症状」と「思い」です。この2つは病気を治すための重要な意義をもっているといえます。

「症状」はその症状をひき起こしているメカニズムを明らかにして、何の病気であるかを診断し、「治療の道」をきり拓いてくれます。

「思い」はその病気に伴う心の問題を明らかにして、「支援の道」をきり拓いてくれます。

この2つのルート、特に症状から治療の道をきり拓くのは医療の王道であり、普通は医療のどこでもみられるありふれた光景でしょう。

ところが、認知症の医療ではこの王道は一般的ではありません。私はそこに認知症医療の最大の問題点があると思っています。

これに対し、本書は認知症の方々の声に注意深く耳を傾け、「症状」として何が起こっているのか、御本人はどのような「思い」を抱いているのかを知ろうというものです。

「何のために？」と問われたなら、「治療とケア、そして支援」に結びつけていくためだと私は答えます。

世の中に認知症について書かれた本はたくさんありますが、認知症患者本人が書いたものはそれほど多くはありません。

医師による解説書では、本人の「思い」を知ることができません。看護や介護を担う人が日頃の経験を交えて書いたものは、脚色が多くて「本当のこと」がわかりません。

そこで、本書では「本当のこと」を知るために、4人の認知症本人が書かれた本を徹底的に分析することにしました。分析したのは次の5冊です。

①②クリスティーン・ボーデン（後にクリスティーン・ブライデン）
『私は誰になっていくの』（桧垣陽子訳、クリエイツかもがわ）
『私は私になっていく』（馬籠久美子・桧垣陽子訳、クリエイツかもがわ）

③ダイアナ・フリール・マクゴーウィン
『私が壊れる瞬間《とき》―アルツハイマー病患者の手記』（中村洋子訳、ＤＨＣ）

④樋口直美
『私の脳で起こったこと　レビー小体型認知症からの復活』（ブックマン社）

⑤佐藤雅彦

『認知症になった私が伝えたいこと』（大月書店）

最後に松本芙美子さんに心からの感謝を捧げます。彼女は右の書物から、認知症の症状をたんねんに書き出し整理してくれました。この本を書けたのは彼女のおかげです。

竹内孝仁

目次

第1部 まとまりと一体感

第1章 人はなぜ認知症になるのか？
認知症の心の中をのぞいてみる

第2部 時間と言葉

第2章
人はなぜ認知症になるのか？
認知症になっても知性は失われない

第3章　クスリなしで認知症は治せる

第4章

認知症の8割が治る症状別ケア

第5章

認知症ゼロのグループホームを目指して

装丁　田中俊輔（Pages）
本文デザイン・DTP 平野智大（マイセンス）
編集協力　福士 斉
イラスト　小林孝文
印刷　シナノ書籍印刷株式会社

第1章

第1部 人はなぜ認知症になるのか？

まとまりと一体感

認知症の心の中をのぞいてみる

認知症の人には現実がこう見えている

症状と訴えから心の中を読み解く

認知症の人には現実の世界がどのように見えているのでしょうか？　それを読み解いていく前に、まず正常な人は現実をどのように見ているかを整理してみましょう。

現実世界には「まとまり」がある

たとえば、私の目の前に机があり、机の上にはペンやえんぴつ、物差しが入ったペン立てがあり、机の向こうには窓があり、窓の向こうにはビルや街路樹が見えているとします。

これらは外の風景が雑然としていたとしても、正常な人の目には「まとまり」

をもったものとして見えています。しかし4人の本を読んでみると、この「まとまり」が失われていることがわかります。

本を書いた人たちの訴えを聞いてみましょう。（　）内は著者が補ったものです。「（現実は）本棚が崩れてしまったような感じなのです。棚の本はたしかにそこにある。でもバラバラで整理がつかない」（佐藤雅彦さん）、「ピースのたくさん抜けたパズル絵のようで全体が（ばらばらで）把握できない」（樋口直美さん）

私と現実世界には「一体感」がある

私と私を取り巻いている現実世界にはつねに一体感があり、私と現実世界が離れているとか、そこに隙間があるなどと考えることはありません。しかし、4人の本では、現実世界との一体感がすべて失われていることがわかります。

クリスティーン・ボーデンさん（以下、クリスティーンさん）は「まわりの世界は突然遠く離れて自分とつながらないものになり…」、ダイアナ・フリール・

マクゴーウィンさん（以下、マクゴーウィンさん）は「手にしている現実がしだいにすべるように去ってしまう」、樋口直美さん（以下、樋口さん）は「自分の世界に霧がかかったよう…」「現実の世界に生きていない気がする」と述べています。

この現実世界との一体感の喪失は、認知症という病気の成立にとって非常に重要なことだと私は考えています。

現実世界は「言葉」で読み取っている

私たちが自分のまわりにある「物」の名前を知っているように、私たちは言葉によって現実世界を読み取っています。

例えば、私たちは言葉を使って会話をしたり、文章を読むことができます。買い物などの用事をするときも言葉を使っています。こうした言葉の働きが、認知症の人ではかなり失われていることが4人の本を読むとわかります。

クリティーンさんは、「適切な言葉がなかなか出ない」「文章の中ほどで筋がわからなくなる」「『椅子をとって』が『ティッシュをとって』になってしまう」と述べています。

外国語では単語のスペル（つづり）がわからなくなるため、このようなことが起こります。日本語では漢字がわからなくなり、同じようなことが起こります。

現実世界には「時間」が流れている

現実に何かが起こると、その出来事はすぐ過去へと去っていき、ひとつのところにとどまることはありません。こうした出来事の流れを私たちは「時間」として感じています。

認知症の人にはこの「時間」も失われてしまいます。佐藤雅彦さん（以下、佐藤さん）は「普通の人は時間を気にしながら行動できますが、認知症になるとそれが難しく、時間を忘れてしまいます」。また「認知症になると時間の経つのが

認知症の4つの基本障害（竹内）

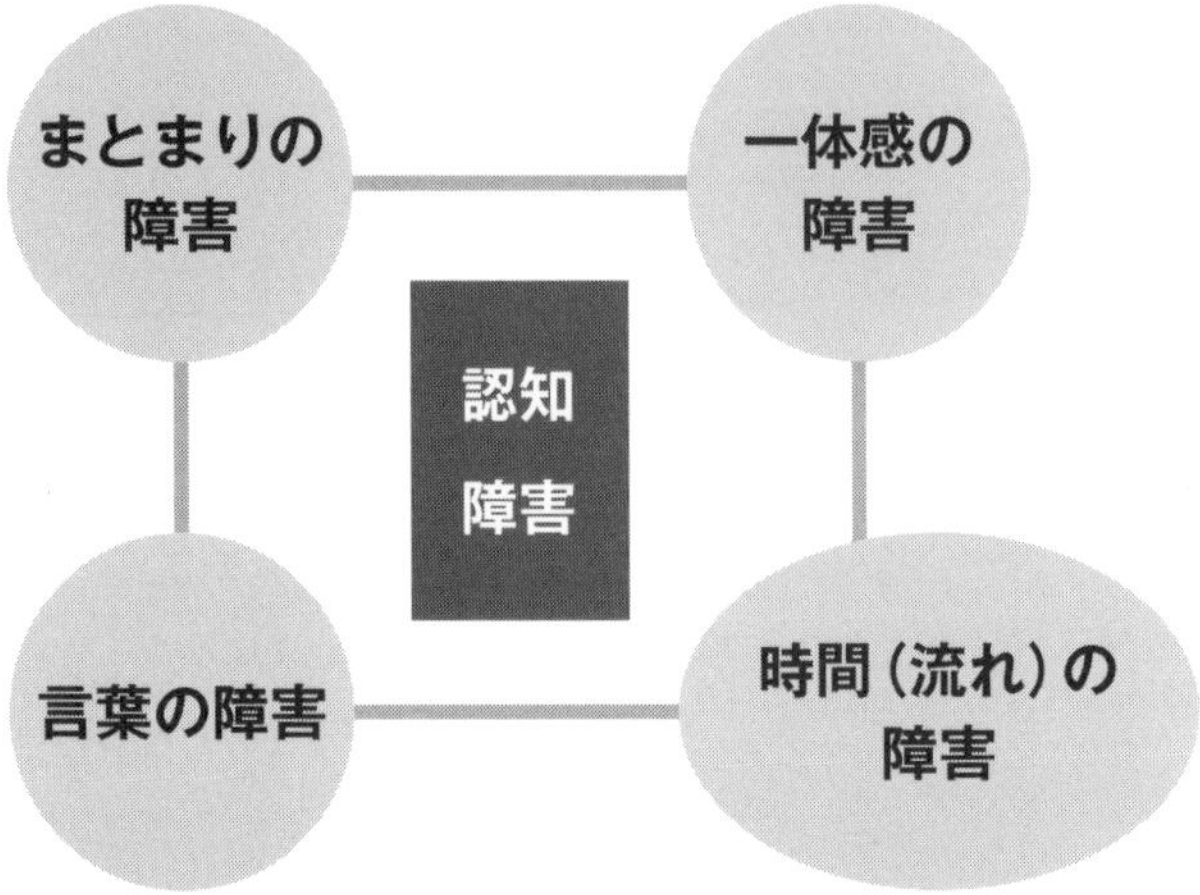

すごく速く感じる」ともいっています。

この**「まとまりの障害」「一体感の障害」「言葉の障害」「時間（流れ）の障害」を、私は「認知症の4つの基本障害」と呼ぶことにしました。**

この4つの障害から、さらに別の症状が生み出され、認知症の人が書いた本の引用のような、多彩な症状が生まれてきます。そのメカニズムを読み解き、認知症という病気の本態を探ることによって、根拠のある治療やケア、支援のあり方を見つけていくことにしましょう。

目の前の物が何だかわからなくなる

物を見るためには言葉が必要

「物」に名前をつけないと知覚できない

自分の前に置かれた物を、まとまりのある物として見られないと、その物が何であるか「認知」することはできません。

実験してみましょう。21ページの図1では描かれたものが何なのかわかりません。しかし図2になると顔が向き合っている図だとわかります。

図1にはまとまりがなかったのに、図2にはまとまりがあるからです。人間には、自分のまわりにある物を「まとまり」として捉える習性のようなものがあります。

図4と図5では4本の線のうち①と②、③と④がひとまとまりに見えます。また図6では①②③が棒グラフのように見え、④⑤⑥が折れ線グラフのように見えます。つまり①②③と④⑤⑥がまとまって見えます。

しかしこれらの図を描いた人はそんな意図はありません。見る側が勝手に「まとまり」として見ているだけです。

そしてまとまりと見た後、図2で感じたように「向き合った横顔」と名前をつけてしまうのです。

これが認知という働きの元となる「知覚」の初めの段階です。さらに注目すべきは、図2は「顔が向き合っている」と感じることです。なかには「見つめ合っている」と感じる人もいるでしょう。

まとめた図に名前をつけるだけでなく、「見つめ合っている」といったストーリーを感じる。これが私たちの知覚のやり方なのです。

図1

これは何か？　わかりにくいですね。これは図2の上半分

図2

ここまで描くと、人の横顔が向かい合っているように見える

図3

さらに描き加えると、横顔にも見えるし、壺のようにも見える。「ルビンの壺」と呼ばれる有名な図

図4

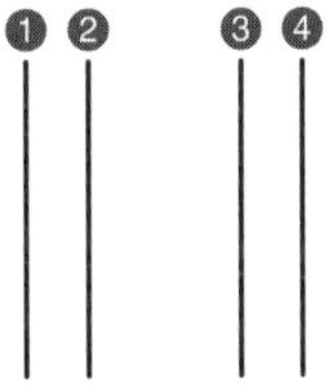

近い線どうしがまとまって見える（近接の要因）

図5

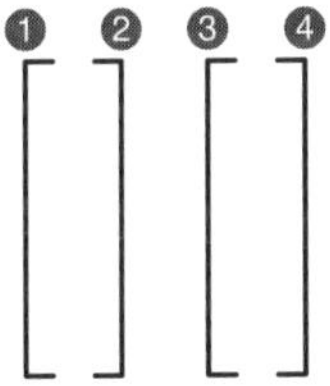

［　］のように閉じて見える線どうしがまとまって見える（閉鎖の要因）

図6

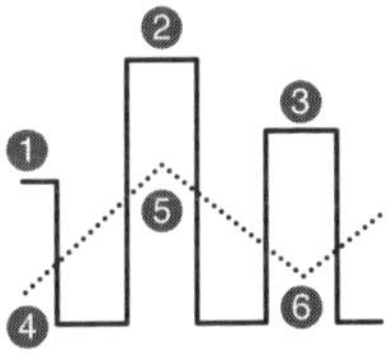

①②③は棒グラフのように見え、④⑤⑥は折れ線グラフのように見える（連続の要因）

「物」を見るには背景がなければならない

もう1つ重要なことがあります。図2では横顔が浮かび上がって見えますが、横顔以外は背景となっていることがわかるでしょう。

私たちの知覚は「背景の中から浮かび上がったもの」を見ていることがわかります。認知心理学（人間の思考、記憶、言語などの概念を研究する心理学の一分野）や、ゲシュタルト心理学（人間の精神をまとまりのある構造としてとらえる心理学の一学派）では、背景を「地」、浮かび上がってくるものを「図」と呼びます。ここでは「背景」と「物」と呼ぶことにします。

21ページの図3では、背景の中から向き合った横顔が浮かんでいるように見える一方、壺のようなものが浮かんでくるようにも見えます。後者のように見えるときは、横顔が背景（の一部）となっています。

このように、私たちが知覚している物と、そのものが存在する背景は、見かたによって入れ替わることがあるのです。

認知症の人は、ある物を見たときに、まとまりあるものとしてとらえることが難しくなります。まとまりがなければ、背景から浮かぶ物もとらえにくくなります。このため、自分の前にある物が何であるかがわかりにくくなるのです。

騒々しいところで会話が困難になるのは？

背景から浮かび上がってくるのは形のある物だけではありません。音やにおい、触覚なども背景と「物」に区別されます。

認知症になると、騒々しい場所での会話が困難になるのは、背景となる音と聞き取るべき音（声）の区別が困難になるからです。

クリスティーンさんは、「電話の向こうで音楽や話し声のような雑音があると、誰が話しているのか何を話しているのかわかりにくい」「何人かの人とお喋りをすると、話をしていている人についていくのが難しい」と述べています。

私たちは目的となる「物」を見たり、聞いたり、嗅いだり、触ろうとするときに、それ以外のさまざまな「物」にも取り巻かれています。

その中から見るべき「物」、聞くべき「物」に焦点を合わせて、他の「物」は背景として遠ざけるというやり方で対処しています。これが普通の知覚で、それが認知の核となっています。

「物」の構造・機能・位置がわからなくなる

認知症の人が「物」を知覚しづらくなると、さらに別の問題を引き起こします。

図7のイラストを見てください。テーブルの上には水の入ったペットボトルがあります。テーブルの横にはソファがあり、右手の奥にはテレビが置いてあります。

水の入ったペットボトルは、その中に「水を入れておくもの」であり、「飲み

図7

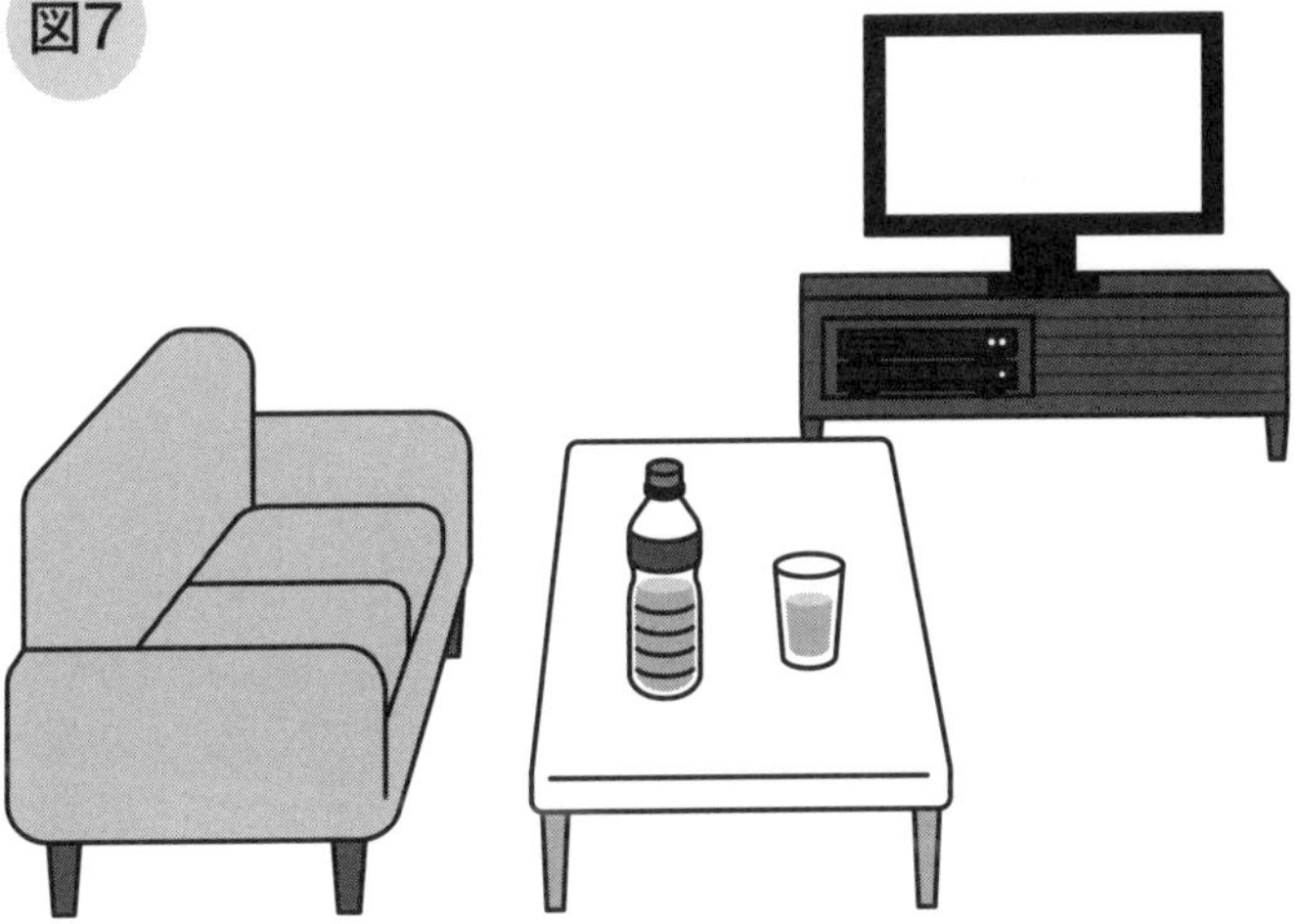

たい人はそこから水を飲むもの」です。

さらによく見ると、ペットボトルは直径10㎝ほどのボトル本体の上にキャップがかぶさっていることがわかります。

そして、ペットボトルは「テーブルの上」にあり、「コップの傍」にあることがわかります。「物」には必ず「構造」（キャップとボトル本体）があり、「機能」（水を入れておく）があり、空間上の「位置」（テーブルの上、コップの傍）があるということです。

私たちが「物」を知覚するときに、つねにその「物」の構造・機能・位置も含めて知覚していることを知っておいてください。

もう1つ重要なことがあります。これらの構造・機能・位置は、「上にはキャップがついている」「水を入れるもの」「テーブルの上にある」というように、必ず言葉がついてまわるということです。

ペットボトルが「水を入れるもの」であるかどうかは、ペットボトルにもともと備わっている機能ではありません。人間が勝手に「水を入れるもの」という機能をもたせたにすぎないのです。あるいは、「水を入れるもの」という言葉をペットボトルに与えた結果にすぎません。

何をいいたいのかというと、「物」を知覚するということは、同時にその構造・機能・位置を知ることであり、それらを指し示す「言葉」を知ることであるということです。

言葉の働きの1つに、前述した物に「名前をつける」機能（命名機能）があります。キャップのついたプラスチックのボトルを「ペットボトル」と呼ぶのも命名機能です。次に、構造・機能・位置に関する「説明機能」（水を入れるもの）もあります。さらにもう1つ大切なのが、その「物」に対して人間が行うべきことを命ずる機能です。

例えば、ペットボトルに水を入れるという作業は、ペットボトルという「物」自体のもつ機能が「水を入れる」という行為を求めている（命じている）からにほかなりません。行為命令に対する「統制機能」といってもよいでしょう。

台所に立って料理を作ろうとしている認知症の人が、じゃがいもを手にしたまま、次の手順がわからず呆然としていることがあります。

これはまさにこの統制機能の問題です。じゃがいもは「皮をむけ」と命じているのに、この命令がわからなくなっているのです。

どこにいるのか、何をしてよいのかわからない

空間や時間の認知ができなくなる

定位置にあるものが見つけられない

「物」にともなう「位置」の知覚は、私たちが生活している空間全体の「位置的知覚」に影響していきます。

私たちは家から会社やスーパーに行こうと思ったとき、アタマの中にその行き方（地図）がさっと浮かんできます。途中に工事中で通れない場所があったとしても、すぐに回り道を描くことが可能です。

こうして描かれるアタマの中の地図を「認知地図」と呼びます（図8参照）。

街の地図から始まって、自分の家の間取り、キッチンの水道やガス、冷蔵庫など

図8 認知地図のイメージ

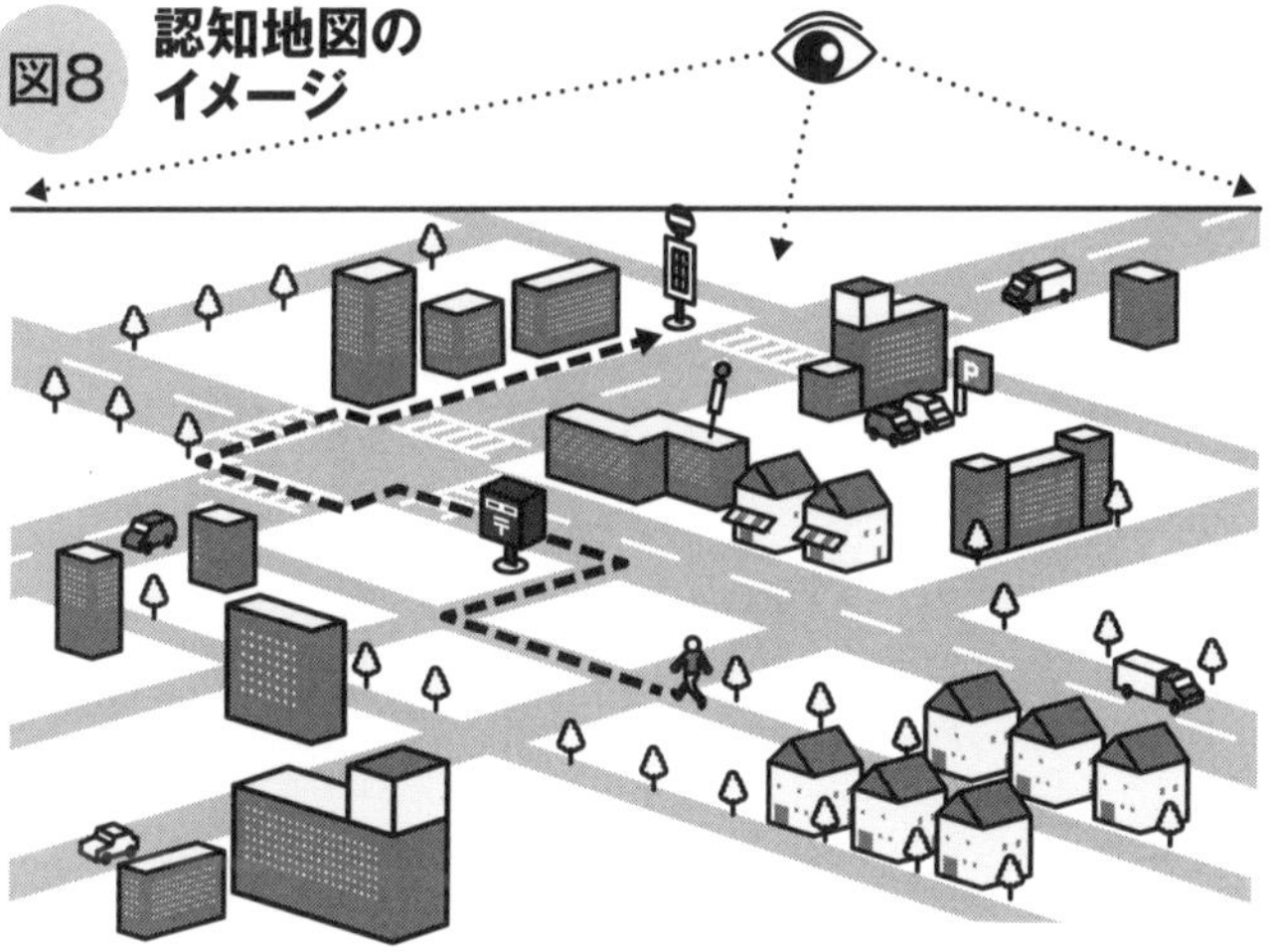

住み慣れた街の地図はつねにアタマの中にあるので迷わない

の位置関係、食器の収納場所、さらにはタンスの各段の収納や、洋服ダンスの衣類の場所、自動車のアクセルやブレーキペダルの位置など、ありとあらゆる「位置」に関する知覚が含まれています。

クリスティーンさんは「曲がり角を間違えることが2、3度あった」、マクゴーウィンさんは「(病院の)診察室を出たが受付にたどりつけない。小さな駐車場なのにそこから出られずにぐるぐるまわった。高層ビルの何階に自分の事務所があるか…」と述べています。マクゴーウィンさんは、特に認知地図の障害がひどいように思われます。

樋口さんは「今日、（運転中）近所の角を曲がった所で突然頭の中で地図が消えた。場所、方向、距離がわからず混乱した」「都内の電車の乗り換えが危うくなった。電車の方向がわからず…」「洋服ダンスの中に何が入っているかわからず…」「保険証を見つけられなかった（いつもの定位置にあったと夫が見つけてくれた）」と述べています。

佐藤さんは「地名や地理がなかなか覚えられない。いつも行くスーパーで陳列棚や商品の場所が覚えられない。毎回初めて行くような感じです」「空間や場所の把握が難しいので何度も同じところをぐるぐる回ったり…」と書いています。

これらの訴えはすべて「認知地図」の障害であることがわかります。

現在への執着が流れの障害を起こす

その「物」が何だかわからない、その「物」をどう扱っていいかわからない、あるいは必要な「物」がどこにあるかわからない。

こうなると「いま現在」自分は何をどうしていいのかわからなくなります。しかし、わからないではすまされません。

私たちを取り巻いている状況とその中で起こる出来事は、絶えず目の前に起こっていることへの対処を求めてきます（行為命令）。

調理前のじゃがいもを手にしたら、必ずそれをどうにかしなければなりません。これは誰が命ずるわけでもなく、前述したように、じゃがいもそれ自体が私たちに命じていることです。

しかし、自分はどうしていいのかわかりません。手にしているのが、じゃがいもという「物」なのかどうかもわかりません。このため認知症の人は、それがじゃがいもなのかどうかを必死にわかろうとします。目の前にある物や出来事をわかろうとして、そのことに全精力を注ぐのです。

ところが、「物」や出来事には「いま現在」だけがあるのではなく、「少し前の物や出来事」があります。

いま目の前にあるじゃがいもは、少し前には水洗いしていたじゃがいもであり、いまは皮むきの段階で、次は適当な大きさに切るというように、物や出来事には、過去・現在・未来があり、「流れ」としてつながっています。

認知症でない普通の人はこの流れを意識することなく、じゃがいもを洗い、皮をむき、切って、鍋に入れて…というように、流れるように調理していきます。

ところが**認知症の人は、いま現在がわからないため、必死になってわかろうとします。まるで現在にしがみつくように理解しようとするのです。**

現在のことを理解するだけでせいいっぱい

この「いま現在」がわからないという状態が、その「物」と背景の「まとまり」がバラバラになってわからないのか、現実との「一体感」がなくなったせいなのかはよくわかりません。おそらく両方でしょう。原因はともあれ、認知症の人は「いま現在」起こっている現実を理解しようと必死になります。

クリスティーンさんは、この状態を「まるで（現在という）壁にしがみついているようだ」と述べています。

この現在へのとらわれは、さらに別のことを引き起こしてきます。1つは「現在」にとらわれるあまり、それ以前にあった「過去」はどこかに消えていき、このあとどうするのか（どうなるのか）という「未来」もまた消えてしまいがちになります。

クリスティーンさんはこのことを、「物事や言葉は私の意識からすぐに消えていく…」「まるで初めから何も起こらなかったようなものなのだ…」と述べています。現在にとらわれるあまり過去が消えていくという現象は、「記憶」という問題にかかわっていきます。

ミンコフスキーという人は、認知症にみられる記憶障害（もの忘れ）は、現実へのとらわれがもたらす結果であって、つまり記憶障害は認知症の原因ではなく結果なのだ、と述べています。

これは認知症でない人々が、ごく自然に受け入れている過去・現在・未来という流れが、過去と現在の境目で、あるいは現在と未来の境目で断ち切られるということです。

「食事をしていない」というのは時間が止まっているから

私たちはこの流れを「時間」として認識しています。時間とは出来事の流れのことだからです。その流れが断ち切られるというのは、時間が断ち切られてしまうことを意味します。

認知症の人は時間が断ち切られています。時間が止まっているといってもいいでしょう。だから80歳の人が64歳といったり、食事をしたのに「ごはんまだ?」と催促したりという症状がみられます。

自分が64歳だという80歳の人は64歳で時間が止まっており、「ごはんまだ?」という人は食べる前で時間が止まっているのです。

流れを失った認知症の人は目の前の1つひとつを、ゆっくり処理しながら進んでいくしかありません。

じゃがいもを洗い、皮をむき、一口大に切る…という流れに乗って調理を進めていくのはもはや不可能です。まず泥のついたじゃがいもを前に、これは何という物で、自分はこの物をどうすればよいのかを考えます。ようやくそれらがわかったところで、じゃがいもを洗います。洗ったら再び、さてこれは何という物で自分は何をすべきなのかを考えます。そして「皮をむく」という考えにたどりつきますが、皮をむき終えたら、またこれはどういう「物」で自分はこれをどうすべきかを考えます…。このような気の遠くなるような過程を延々とくり返しているのです。これでは疲れ果ててしまいます。

火の消し忘れは複数の処理ができないから

目の前の現実（正確にはその1つ）へのとらわれは、それ以外のものを同時に認識することを困難にさせます。

たとえば、じゃがいもの皮をむきながらガスコンロの上の鍋に気を配る。このような同時に複数の処理ができなくなります。

1つのことに集中して他が意識されなくなることを、クリスティーンさんも樋口さんも「視野狭窄」と表現しています。

人の注意機能には、注意の「集中」、注意の「持続」、注意の「分散」という3つの働きがあります。テレビを観ながらガスコンロの火にも気を配っていられるのは注意の分散の結果です。先の視野狭窄という訴えは、注意の分散の働きが失われていることを物語っています。

「一度に1つのことしか出来ず、仕事はひとつずつゆっくりと片付けないと失敗する」（クリスティーンさん）、「料理の時間が昔20分のところいま1時間かかる」「昔は同時進行でいくつもの作業をしたのに」（樋口さん）といった声は深刻です。

また同時に複数の処理ができないと、複数の人との会話の中で、AさんやBさん、Cさんの言葉を聴き分け、それぞれの人に適確に応答するということも困難になります。

先に認知というはたらきの元となるのが「知覚」だといいました。『知覚の現象学』という本を書いたメルロ＝ポンティという人によると、知覚とは背景と「物」を知覚することだといっています。

私たちの世界はこれが充満しており、入れ替わり立ち替わり、違った「物」が背景から浮かび上がり、次の瞬間には別の「物」が浮かび上がりというように、「物」と背景のめまぐるしい交代劇」が演じられているのです。

現実を認知するというのは、このようなことです。たぶんこの交代劇の交代を命ずる監督が私たち自身なのでしょう。もしそうなら認知症の人は、この監督の地位を失った人といえなくもありません。しかしこれは問題を難しくするのでこれ以上ここでは考えないことにします。

おつりの計算ができなくなる

数という「まとまり」の認知障害

数の意味がわからないと計算できない

認知症の人は細かいお金の計算ができないといわれます。「会計が800円のときは500円と100円玉3つで払えばよいのにそれが出来ない」(佐藤さん)、「小切手帳の管理をするのに簡単な足し算引き算がもう出来ない」(マクゴーウィンさん)、「ある会の出席者4人＋4人＋5人＋2人の合計がどうしても出来ない」(樋口さん) と、みなさんが述べています。

クリスティーンさんはもう少し詳しく状態をみています。「数がいくつなのか、それが何を意味するのか。それで何をするのかも理解できないことがときどき起こっています。銀行口座の支出と残高を書くにはどうしたらよいのか、引き算をするのかどうか、またそのやりかたはどうなのか…」。このクリスティーンさんの発言の中に、なぜ認知症になると計算ができなくなるのかという問題を解く鍵が潜んでいるようです。

まず数も「まとまり」だということです。これまで話してきた「まとまり」は、1つの図形としての「まとまり」でした。計算の場合は、同じ物がいくつも集まった「まとまり」です。

同じ物がいくつも集まったものを「量」といいます。計算に用いる「数」というのはこの「量」のことです。左ページの図9を見て下さい。

これは白と黒の碁石で、子どもに「数」を教えるときによく用いるやり方です。白が4つの「まとまり」、黒が5つの「まとまり」をつくっていて、それぞれに「4」と「5」という数字を与えています。

このあと、子どもたちは4という数字を見たら「碁石が4つのまとまり」として数の概念を覚えていきます。

・足し算

4つの白の碁石と5つの黒の碁石を足すと9つの碁石の大きなまとまり（量）になります。

・引き算

図9

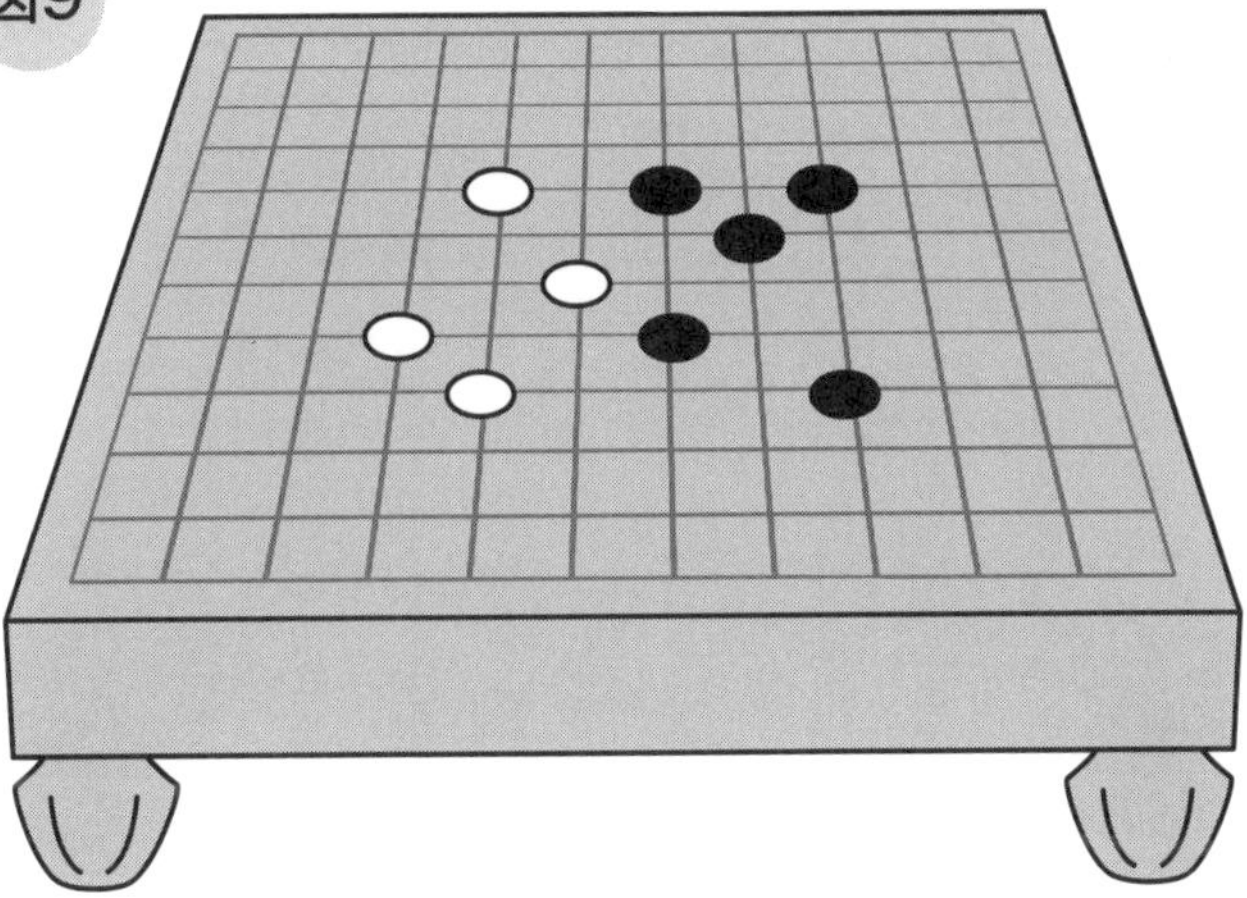

引き算をするには、大きい数（まとまり）と小さい数（まとまり）の序列がわかっていなければなりません。「0123456789」と上から下に行くほど大きいということがわかっていなければなりません。引き算は「大きい数から小さい数を引く」ので、数の意味がわかっていなければ計算できないことになります。

クリスティーンさんの「数がいくつなのか、それが何を意味するのか」という訴えはこのことを語っているとみてよいでしょう。

認知症の人が計算できない原因の1つは、「数字の意味がわからない」ことにあるようです。さらに「まとまり」だけに目を向けると樋口さんのがわからなかった、4＋4＋5＋2は、普通なら4＋4＝8、それに5を足して13、さらに2を足して15と、段階的にまとまりとしてとらえていくやり方をとりますが、この一段階ずつのまとまりとしての知覚が欠けると、計算が進んでいかないことになります。

計算とまとまりの知覚についてはおもしろい話があります。子どもとAI（人工知能）などの著書で注目を集めている新井紀子さんの『数学は言葉』（東京図書）という本の中に、ルイス・キャロルの『鏡の国のアリス』から、図10のようなエピソードを紹介しています。

普通の人はこの場合に、1足す1は2、それに1を足して3…、とひとつずつ新しい数を加えていきますが、これでは王さまの口調の速さに追いつくことがで

「たし算ができるの？」白のクイーンがたずねられました。「一たすーたすーたすーたすーたすーたすーたすーたすーたすーたすーたすは、なに？」

図10

「わかりません」とアリス。
「たし算ができないのよ、この子。」赤のクイーンが口をはさまれました。
（ルイス・キャロル『鏡の国のアリス』（河合祥一郎訳、角川文庫）より

きません。

出てくる数がすべて1だとわかればば、1の回数（個数）を数えればよいのですが、この子は正直に足そうとして失敗します。

女王さまのいう「1」を数えて、まとめていくという操作に失敗したわけです。「まとめの失敗」といってよいでしょう。それに対して「この子は足し算ができない」といわれたわけですが、皆様はどう思いますか？ それは少し違うんじゃないの、と思われる方が多いと思いますがどうでしょう。

100－7テストで認知症は判定できない

認知症を判定するテストの1つとして、100から7を引いていくテストがあります。認知症の権威である長谷川和夫先生が考案したもので、知っている方も多いと思います。このテストの目的は「計算ができる・できない」を調べようとするものです。

0から7は引けないので、最初100から7を引くときは、10の位から1を借りて、10－7とすると答えは3、10の位は1を貸したので9となって、全体の答えは93となります。もとの100を90の「まとまり」と10の「まとまり」に分けて引き算をしたわけです。

次は、93－7ですが、多くの人はここで失敗します。計算力の低下した高齢者でも、100－7＝93はできるが、次の93－7で間違えるという人が多くいます。93－7は10の位から1を借りて、80と13の2つのまとまりにしつつ、13－7でもう一度10の位から1借りて10−7＝3とします。この3に残っている3を加えて6とします。引き算をやっているのに足し算が出てきてしまうのです。

100−7に比べると93−7ははるかに複雑な処理を求められるので、そのつど「まとまり」をつくっていかなければなりません。

ところで「10の位から1借りてくると、10の位に残っているのは9」というのは、1の位の10−7＝3という答えが出るまでのごく短い時間ですが「記憶」しておかなければなりません。

これをワーキングメモリーと呼びます。1の位が10から9になったという事実を一時的に保管しておく、いわば一時預かりをしておくための記憶です。

先の『鏡の国のアリス』の失敗は、この一時預かりがうまくいかなかったことが原因です。「まとまり」としてまとめていく量には限界があるため、記憶できなかったのでしょう。

計算できない理由は文章が理解できない場合も

クリスティーンさんは、「銀行口座の支出と残高を書くのはどうしたらよいのか、引き算をするのかどうか、またそのやり方はどうなのか…」と述べています。認知症の人はなぜ、計算ができなくなってしまうのでしょうか。たとえば、次のような問題文と計算式があるとします。

〔問題文〕銀行に1万円の預金があります。買物をして3千円をカードで払いました。銀行の預金残高はいくらになりますか？
〔計算式〕10000−3000＝7000円（残高）

こういう日常的問題を処理するには、3段階のプロセスがあります。
［第1段階］問題文にある、「銀行に1万円…」という文章の意味を理解する（文

章理解）。

［第2段階］問題文を「10000−30000」という計算式に表わす（計算式への翻訳）。

［第3段階］計算式を計算する（計算、この場合は引き算）。

先のクリスティーンさんがいっていることを聞くと、彼女はこの3つの段階すべてができなくなっているのだということがわかります。

「計算ができない」原因の1つとして、「文章理解」を指摘しているのが新井紀子さんです。新井さんは『ＡＩ vs 教科書が読めない子供たち』（東洋経済新報社）のなかで、「数学ができないのか、問題文を理解できていないのか」という問題を取り上げています。

この問題は子ども（小中高生）の算数・数学の習得に重大な影響を与えるもので、文部科学省などの協力を得て全国2万5000人の中高生に「基礎的読解力調査」を行っています。たとえば次のような文と問題を読ませます。

仏教は東南アジア、東アジアに、キリスト教はヨーロッパ、南北アメリカ、オセアニアに、イスラム教は北アフリカ、西アジア、中央アジア、東南アジアにおもに広がっている。

［問題］オセアニアに広がっている宗教を次のなかから選びなさい。

①ヒンドゥー教　②キリスト教　③イスラム教　④仏教

答えは②です。この問題を進学校で知られたある高校で実施したところ、高校3年生の3人に1人は正解できなかったそうです。この結果について新井さんは、読解力の乏しさが数学の成績を下げているとし、その背後に過度のＡＩ依存があるとしています。

100－7テストの最初のステップが出来ない人の中には、「100から7を引いてください」という文章が理解できない人がいるのかもしれません。

文章が理解できたとしても、次は暗算の式をアタマの中に描かねばなりません。

このとき、計算式への翻訳ができるかどうかという壁が立ちふさがります。

それができても、その次には「まとまり」を中心とする計算が控えていることになります。

「物」の名前が出てこなくなる

会話が成立しなくなるのは？

言葉が与えられて知覚が完成

今度は認知症と言葉の関係をみてみることにしましょう。「知覚はその物の存在を知るだけでなく（その物の）『意味』を知ることだ」といわれています。そして意味は言葉（一般には言語といわれますが、同じものだと思ってもさしつかえありません）によって与えられる、といわれています。

左ページの図10を見て下さい。描かれているのは、「アヒル」のようです。大人の親アヒルが2羽の子どものアヒルに餌をあげているように見えます。

このイラストを見た私たちは、このように状況を解釈していますが、「アヒル」という名前も、「親」と「子」という言葉も、「餌をあげている」という言葉も、描かれている物体（アヒル）とは本来何の関係もありません。

しかし人間は何かを見たり聞いたりしたときに、必ず言葉を与え、見たもの聞いたものに意味を与えます。

言葉が与えられることで知覚として完成するとみてよいでしょう。

このような言葉の機能を「命名機能」（物体に言葉を与えて命名する機能）と

図10

いいます。
また、「親アヒルが2羽の子どもアヒルに餌をあげている」と、状況を説明するのも言葉です。これは言葉の「説明機能」と呼ばれています。
さらに言葉には「人の集まるところではマスクをつけなければいけない。よく手洗いしていつも清潔にしていなければいけない」といった、人の行動を統制する機能があります。これを「統制機能」といいます。
統制機能は前にも触れましたが、統制の元となるのは人や社会だけに限りません。「物」も人の行動を促し統制します。前述のじゃがいもを洗う、皮をむくなどの行動がそうです。じゃがいも自身が人の行動を促し、統制しているのです。

言葉は知覚を完成させ、まわりの世界を意味あるものに変え、そのことによって環境を理解することが出来るようになります。

1羽の親アヒルが2羽の子どもアヒルに餌をあげるという状況の説明は、事実は違っていても、アヒルを見ている人にとっては自分を取り巻いている環境を組織化したことになるのです。

状況を言葉で説明するということは、本来は無統制で無秩序な世界を、自分にとって安定した秩序のある、何らかの意味ある世界へと変化させたことを示しています。それほど言葉は世界を知覚するうえで極めて大切なものなのです。

言葉がすぐ出てこなくなる

では認知症の人びとの「言葉」はどうなっているのでしょうか。物の名前がすぐに出てこないという症状は、4人の著者すべてが訴えています。

クリスティーンさんは、言葉が出ないときには、たとえば「郵便受け」を「切手を貼った手紙を入れるあの箱」と言ったりすると述べています。

まわりくどい言い方ですが、かろうじて意味はわかります。そのものの名前がすぐ出てこない症状は、人が相手の場合もよくみられます。

クリスティーンさんはふだん一緒に仕事をしているスタッフの名前が出てこない。マクゴーウィンさんは自分ににこやかに話しかけてくる古い知人の名前がどうしても出てこない、また息子を呼ぶのに他の子の名前・友だちの名前・犬の名前が出てきてしまう、と述べています。樋口さんも、言葉（たとえば「素材」という言葉）がパッと出ないことがあったと述べています。

言葉は「物」や出来事に意味を与え、私たちにその「物」や出来事を知らしめる大切な道具です。だから「物」を見た瞬間に言葉が出てくるわけです。

言葉には話し言葉と書き言葉がありますが、書き言葉でも同じです。クリスティーンさんは「よく（単語の）スペルを間違える、right（右）かwrite（書く）あるいはthere（そこ）がtheir（彼らの）かどちらかわからなくなる」。樋口さんも「きんぴらごぼう」「かりんとう」という言葉が10秒ほど出なかった、「超」の文字が書けなかった、と嘆いています。

また樋口さんは「味噌」という文字が（料理で使う）「みそ」の意味だとわからなかったことがある、とも述べています。

これらは「単語」のレベルですが、単語を組み合わせてつくる「文」はどうでしょうか。私たちの日常生活には文があふれています。その代表ともいえるのが人との会話です。

クリスティーンさんは、自分から会話を始めるときでさえ、頭の中で言葉を見つけ出すのはとても難しく…受け入れられる早さでしゃべれないためにいおうとすることをあきらめてしまうことがある。私はとってもゆっくりと話し、文章は途中でつまってしまう、などと述べています。

また声に出して、聖書を読むとき、口を普通の早さで動かすことができないため、他の人がアーメンといっているのに二、三語遅れてしまう。話し言葉につきもののイントネーションや抑揚、強弱は失われ、娘から「ママの声はまるでロボットのようだわ、もうしゃべるのはよしましょう」と言われたりします。マクゴーウィンさんも息子さんから「ママの話し方は酔っぱらいのようだ」といわれています。

何の話をしているか途中でわからなくなる

秋に入りましたが暑い日が続きますね。お元気ですか？ 皆様によろしくお伝え下さい。

夏を過ぎて秋に入った頃によく耳にする会話です。「時候のあいさつ」と呼ばれるものの1つで、これに対する返事は、「ありがとうございます」「変わりなく過ごしております」「そちらもお変わりありませんか？」といったところでしょう。

私たちはこうした言葉のやりとりを流れとして聞きとり、全体を時候のあいさつとして受け止めて返事をします。

この場合の流れとは、「いま語っていること」「その前に語られたこと」「これから語られること」が自然に流れ、全体として「時候のあいさつ」という意味をつくり出しているということです。

ところが認知症の人は、「いま語っていること」の理解で精一杯のあまり、その前に語られたことが消えてしまうようです。

「秋に入りましたが」という初めの文は、「暑い日が続きますね」という次の文を理解するときには消えてしまい、ただ「暑い日が続きますね」だけが残ります。このため「秋の残暑」の意味合いは乏しくなります。もし最後の「皆様によろしくお伝え下さい」だけが残ったとしたら、何の話かさっぱりわからないことになります。

こういうことが起こるため、認知症の人は会話（コミュニケーション）が成立しにくくなるようです。

クリスティーンさんは、ときどき最初の言葉を聞き逃して文章の残りの部分の意味もとれなくなるとか、文章の中ほどで筋がわからなくなる、といったことを述べています。

会話の流れの喪失は、全体のストーリーもわからなくしてしまいます。どんな本を読んでいるのか、どのような話かと聞かれても答えられない、ということをクリスティーンさんは述べています。

本だけでなく、テレビを見ていてストーリーがわからない、途中でわからなくなる。電話で話していて何の話をしているのかわからなくなる。あるいは書類を書いていると、文章の途中が抜けて全体として何を書いているのかわからなくなる、といった訴えは多く聞かれます。

認知症の人と話すときには「簡潔な文」「意味のはっきりした文」で話す必要がありそうです。

第2部 時間と言葉

第2章

人はなぜ認知症になるのか？

認知症になっても知性は失われない

今までできていたことができなくなる

認知症の3つの時間の障害

流れの障害　少し前のことが消えてしまう

時間の認知は、自分のまわりに見えているものを、ひとつの秩序ある世界として知覚するうえで欠かせません。

また、私たちの生活も時間とともに進んでいます。さらに、「私」という存在も時間とともに変化します。

ところが認知症になると、時間は私たちが認識しているようには感じられなくなるようです。

認知症の時間認知には3種類の障害が生じると考えられます。**1つは出来事や会話などの「流れ」の障害です。**出来事や会話は「少し前」「いま現在」「少し後」と、時間の流れに乗って進行しています。認知症になると、その流れが断ち切られて「流れの障害」を引き起こします。

クリスティーンさんは「現在のことしか覚えていられない」「物事や言葉は私の意識からすぐに消えていく」と述べています。少し前の出来事や言葉は、いま現在の出来事や言葉を前に、あっという間に消えていってしまうのです。

「流れ」の障害は日常生活に深刻な問題を引き起こします。クリスティーンさんは、「ひと続きのことをするのに、1つの次にまた1つとゆっくり注意深く…」と一連の手順を注意深く慎重に進めていかなければならない様子を語っています。

仕事や料理などの作業をするとき、私たちはこうした一連の流れを「手順」や「段取り」として意識しています。

これに対し、樋口さんは「会社の仕事で、忘れたことのない『手順』がわからなくなり、ミスが目立ちはじめる、忘れるはずのない『手順』が突然（その仕事中に）わからなくなる」「数日分のメニューを浮かべそれに必要な食材を選ぶという段取りが出来なくなっている」と述べています。また佐藤さんは「仕事のデータ入力に時間がかかるようになりました。一字一字見ないとパソコンに打ち込めないのです」と述べています。

このような流れの障害は、作業や仕事を1つひとつ念を入れながら進めていけばよいというだけにとどまりません。作業や仕事を失敗に終わらせることにもなっていきます。クリスティーンさんは、「一度に1つだけをするように努めないと、何かを始めて次にそれをやめて、別のことを始めると私をすっかり混乱させてしまう」「屋根の瓦屋さんに電話をしたときのこと、呼び出し音が鳴っている間に私は誰に電話をしているか忘れてしまった」と述べています。

例えば、洗濯をして、部屋の掃除をして、昼ごはんをつくって…というように、1つひとつ独立した作業を連続した流れとして行うのは、日常生活にはよくあることです。ところが認知症の人は、こうした流れの障害がいろいろな局面に見られます。

クリスティーンさんは「洗濯物を取り出しているとき、焦げくさい匂いがして私は突然夕食の料理中だったことを思い出す」「アイロン台のところを通りすぎて、アイロンのやりかけ（途中）だったことに気がつく」。マクゴーウィンさんは「仕事先で途中放棄した仕事、燃やしてしまったナベつかみ、焦がしたエプロン…」と失敗を列挙しています。

第1章でも触れましたが、何かを煮ている途中で別の作業に移ってしまい、煮物をしていたという出来事が消えて「鍋を焦がす」という事件は、洋の東西を問わず料理をする認知症の方に必ずみられるもののようです。

「洗濯中に庭に出てしまい、洗濯物が洗濯機の中に長い時間そのままになって、翌日に洗濯しようとしたら洗濯機が『満杯』になっていた」「乾燥機から衣類を取り出すのを忘れて、一日中カラカラになるまで乾かしている」といった訴えも洋の東西を問わずみられます。これらはいずれも流れの障害で、「いま現在、目の前にあること」へのとらわれがもたらす症状とみてよいでしょう。

ここまでお読みになった皆さんは、認知症の人がなぜそれほど「いま現在」にこだわるのかと疑問に思われるかもしれません。それは、生きている現実というのは「いま・ここ」だけしかないからです。

いま・ここという現実の中には、私たちが生きることの喜びや悲しみ、目標ややり甲斐などがぎっしりとつまっています。だから、いま・ここをどう生きるかは私の生であり人生のそのものです。そのために、いま・ここがどうなっているのかを必死に見きわめようとするのです。クリスティーンさんがいうように、「崖にしがみつくように」です。

時間の停止　食事の前で時間が止まってしまう

認知症の時間認知の2番目の障害は、「時間停止」です。時間の流れがある時点で止まってしまうのです。

80歳の認知症の女性に「お歳はおいくつですか？」と尋ねると、例えば「54歳です」などと答えます。これは自分の年齢を勘違いしているのではなく、時間が54歳で止まっているようなのです。

時間停止のもうひとつの症状に、食事はすでに済んでいるのに、「ごはんまだ？」と何度も催促する症状があるようです。この症状について、多くの認知症の本には「食事を摂ったことを忘れているため」と、安易にもの忘れ（記憶）のせいにしますが、私はそうではなく、「食前で時間が停止した」と考えます。

その人にとってはまだ食前で、もうすぐ食事だと思うから「まだですか？」と催促しているのです。食事したことを忘れた場合には「食事は食べたっけ？」といった質問になるでしょう。読者の皆さんもどちらの質問になるかを考えて下さい。私がなぜ「食前での時間停止」というのかというと、非常に珍しいことに「食後で時間停止」したと思われる認知症の例を経験しているからです。

昔、特別養護老人ホームの介護研修を行い、認知症のケーススタディーに報告された例です。

その方は80代の女性で特別養護老人ホームに入所していました。食事時間（おもに昼食時）になっても食堂に姿を見せず、スタッフが誘いに部屋に行くと、けげんな顔をしてスタッフを見るそうです。まるで「もうお昼は済んだのにまた食堂に行くの？」という表情で、これが毎日ではないものの、比較的回数が多くみられる、という報告がありました。

時間の停止は食前ばかりとは限りません。食後に停止すれば、もう食堂に行く必要はないということになるのです。

時間の刻印 今日が何日で何曜日かわからない

認知症の時間認知の3番目の症状は「時間の刻印」です。私たちは何か出来事を体験したとき、それが「いつ」あったのかを時間軸に刻んでいきます。これからやろうとする「予定」のことも「いつ」という時間軸に刻んでいきます。過去から未来へ続く一本の時間軸のどこかに刻まれていくのです。これを時間軸に出来事を刻んだハンコ（印）を押すようだ、という意味で「時間の刻印」といいます。この時間の刻印が認知症の方ではうまくいかないのです。

クリスティーンさんは、「日記がなければ今日は何曜日か、誰が何をしたのか、どこにその人たちがいるのか思い出せない」「日課が乱されると、それをすぐ忘れてしまうのだ」と述べています。

これを読むと、出来事を時間軸に沿って並べていく「刻印」という作業と「記憶」との関係が予感させられます。

マクゴーウィンさんは「今日何を食べたのか？　夫は聞いてくるが食べたかどうか覚えていない」と述べています。樋口さんは「曜日感覚がぼやけている」と述べ、その後の記述では「最近、曜日がわからなくなってきた。週の初めなのか終わりなのか…」「曜日を間違えて土曜日なのに夫を起こしてしまった」と述べています。時間軸そのものがあやふやになってきているようです。

さらに「ある出来事がいつあったかという時間の距離感覚もかなり失われた」「時間の感覚はもうほとんどダメな気がする。1か月前なのか2か月前なのか感覚的にわからない」という記述もあります。

佐藤さんも、「今日が何日かおぼえられない」「食事の時間がわからない」「昨日もらった書類をおぼえていない」など、時間軸の乱れと記憶のことに触れ、「普通の人は時間を気にしながら行動できます。でも認知症になるとそれが難しくなり…例えば11時に病院に行く予定があるのに出かける前に本を読んでいたりと時間に注意がはらえません」「認知症になってから時間の感覚が低下してしまいました」と述べています。

出来事を時間軸に刻印するには、まず出来事を出来事として認知すること、さらにそれを刻み込むための時間軸がしっかりしていなければなりません。佐藤さんの「昨日もらった書類をおぼえていない」という訴えは、書類をもらったことを覚えていないのか、それが昨日だったのか覚えていないのか、どちらなのかを考えておく必要があります。

忘れたのではなく、体験していない

佐藤さんの「書類をもらった」という出来事は、1つの「体験」です。もし実際に書類をもらったのに、佐藤さん自身はもらっていない（体験していない）と思っていたとしたらどうでしょうか。

見たり聞いたりしたことがすべて体験になるわけではありません。体験として認識されるにはやや複雑なメカニズムがあります。例えば次のようなエピソードがあります。

友だちと郊外をドライブしていたときのことです。道路沿いにきれいな花の咲いた木がありました。ドライブインで休憩をとったときに、運転していた私が「きれいな花の咲いた木があったね」といったところ、友だちは「そんなのなかった、見ていない」といいました。車の走行中にその景色は目に入っていたはずですが、その友人には「花の咲いた木を見た」という体験にならなかったのです。

それはどうしてでしょう。人は見たもの聞いたものがすべて体験になるわけではないからです。目に入ってきた風景の中で、花の咲いた木に気付かなければ体験にはなりません。

第1章で述べた「物」と「背景」の関係を思い出してください。花の咲いた木に「気付く」には、風景の中の花の咲いた木以外のすべてが背景に退き、木だけが浮かび上がってこなければなりません。あるいは、その木に気付いた私は、その木を浮かび上がらせ、他のものを背景として退けるという操作を行ったことになります。

その結果として、「きれいな花の木だな」と感じている私と木は、同じ世界に存在していることになります。物事を体験するということは、物事を浮かび上がらせ、他を背景に退かせるという、私自身の積極的な関わりがあります。同時に、花の咲いた木と、それを見ている私とが同じ世界に存在しているという一体性が生まれることでもあります。「そんなのなかった、見ていない」という友人は、その木への積極的な関わりをせず、結果的に一体となることもありませんでした。つまり体験として成立しなかったのです。

見るだけではなく、聞いたり、会話をしたり、食べたり、といった行為も同じです。体験となるためには、積極的な関わり、あるいは主体的な関わりが必要です。こうした例を私たちは次のようなエピソードにみることができます。

1週間ほど前に行った家族旅行の思い出を楽しげに語り合っている家族のはたで、認知症のお父さんは話を向けられると「オレは行ってない」と怒りました。

このお父さんもみんなと一緒に旅行し、おいしい料理を食べ、温泉につかり、旅館の仲居さんと言葉を交わしたのですが、家族旅行の体験にはなりえていなかったのです。

この原因は記憶障害とよくいわれています。しかし記憶とは過去の体験を覚えているかどうかということです。体験そのものがなければ、記憶すべき元がないわけですから忘れるもなにもありません。「身に覚えがない」という表現はこのことかもしれません。

同じことを何度も尋ねるのは体験の喪失

何度も同じことをいう、洗濯機のスイッチを入れたことを忘れる、鍋を火にかけたことを忘れて庭に出た、などなど。「忘れた」といわれる症状はいずれも「その体験がない」ために起こると考えられます。

「今日の夕食は何？」と何度も尋ね、奥さんから「さっきいったじゃない、何度も訊かないでよ」といわれ、「オレはいま初めていった！」と怒り出す状況がよくあります。人は同じことを何度もいったり聞いたりすることが煩わしいみたいで、認知症の人のいる家庭ではこのような光景がよくみられます。

認知症の本やインターネットの検索記事を読むと、「認知症のもの忘れと、正常な人のもの忘れ」といった内容の記載があります。

それによると、正常な人のもの忘れはその出来事の一部を忘れるのに対して、認知症は出来事を丸ごと忘れる、とあります。先の家族旅行の例では、旅行に自分も行ったこと、料理もおいしく、温泉もよかったことは記憶にあって、思い出したのに、「旅館の名前」だけを忘れたというのは、一部を忘れているだけだから正常な人のもの忘れです。

「オレは行っていない」というお父さんは、実際には行っているのですが、その体験が丸ごと欠けているのです。本人には身に覚えのないことなのでしょう。

ものを忘れるとはどういうことか

認知症の人の苦しみを理解するには

記憶障害は認知症の原因ではない

認知症の人のちぐはぐな言動は「もの忘れのため」とよくいわれます。それどころか認知症の原因が記憶障害にあるかのようないわれ方もされています。病院の「もの忘れ外来」という言葉の影響もあって、**「もの忘れは認知症」といわんばかりの恐怖心は全国に、いや世界に蔓延しています。**

もっと問題なのは、認知症がどういう病気であるかを明らかにし、診断法や治療法を開発すべき研究者や臨床医のほとんどが「記憶障害」を疑わず信奉していることです。

私は認知症がどういう病気かわからないまま、その結果、診断法も治療法もケアの方法もわからないままの現状を招いた最大の原因の1つが「記憶障害への根拠のない信奉」にあると考えています。

もう1つは、この病気が「痴呆（症）」と呼ばれた時代から続く「後天的な知能の低下」という無責任な決めつけともいうべき「定義の解釈」にあります。このことも本書の中で検討していきたいと考えています。

これまでみてきた認知症の方々の症状とその分析の中で、さまざまな「忘れ現象」のあることに気付いたと思います。それらを整理してみましょう。

①「手順」や「段取り」の忘れ

これは認知症の特徴の1つである「いま・ここ」へのとらわれから、目の前の出来事に精一杯のあまり、「少し前」と「少し後」の世界が消え失せてしまうことで起こります。

「少し前」の出来事や行為を一時的に記憶しておくことをワーキングメモリーといいますが、第1章のルイス・キャロルの『鏡の国のアリス』を例に説明したように（42ページ）、ワーキングメモリーにも量的な限界（一時預かりできる量の限界）があります。

さらにいえば、ワーキングメモリーは「少し前の記憶」に限られますが、認知症の人は「いま・ここ」にとらわれるあまり「少し後」のことも、さらにそのずっと先にある「目標」すらわかりにくくなってしまいます。

会話を例にとると、会話がどんな流れで進んでいるのかわからなくなり、その先にある会話の目標もわからなくなります。

その結果、「何の話をしているのか」わからなくなってしまうのです。認知症をケアする家族は、みなさんこのことを嘆いています。

私は何でもかんでも「記憶」や「もの忘れ」のせいにする人たちをひそかに「記憶主義者」と呼んでいます。

彼らの主張の一部に、ワーキングメモリーの存在が使われるのが好きではないからです。「メモリー」という言い方をされているから「記憶」のことだといわんばかりですが、ワーキングメモリーはいわゆる記憶とは性質が違うものであり、「一緒にして語るべきではない」というまじめな意見に耳を貸そうとしないからです。

②体験がないための「忘れ」

記憶には、ある出来事を憶える（記銘）、その記憶を保つ（保持）、その出来事を想い出す（想起）の3つの段階があります。普通「もの忘れ」といわれるのは、想起の段階が欠けること、つまり「想い出せない」ことをいっています。

もの忘れを考える際に知っておくべき重要なことが2つあります。1つは想い出すかどうかは「現実の状況」が決めているという事実です。もっといえば「いま、それが必要だから想い出す」ということです。

人は必要でないことは想い出さないようで、よくいわれる「定年で会社を退職したら曜日を忘れるようになった」という話はこのことを示しているのかもしれません。

もう1つは、想い出した内容と過去に実際あった出来事とは同じではないということです。過去の出来事を想い出したつもりでも、それは実際にあったことと違って加工されているものです。また、その加工自体が「いま」という現実の必要性からなされています。

よく有名人の思い出話を聞いて、その人をよく知る人が「今日の話はずいぶん脚色されていますね」といったり「ウソが混じっている」といったりしますが、過去の出来事が想起されるというのはそういうものです。

このエピソードは、想起されるものは過去の出来事の一部であることも示しています。「健康な人のもの忘れは出来事の一部」といわれるのはこのことに関係していると考えてよいでしょう。

これに反して認知症の人の「もの忘れ」は、出来事が「体験」として成立していないために起こります。

家族旅行の旅館の名前や、おいしかった刺身の魚が何だったかを忘れるのは健康なもの忘れですが、「オレは行ってない」と旅行全体を否定するのは認知症の

もの忘れの特徴です。「体験」そのものがないために起こったことです。

・何度も同じことをいう
・だいこんを毎日買って冷蔵庫の野菜入れがいっぱいになる
・洗濯しようと思ったらいつ入れたのか汚れた衣類でいっぱいだった
・アイロン台の傍を通ったらアイロンがつけっぱなしになっていた
・いつの間にか鍋が焦げついていた

認知症のこれらの症状は、いずれも「忘れたから」と説明されます。同じことを何度も話すのは、以前話したことの「体験」が失われているからです。何かを話すことや行うことと、それが「体験」として成立することは別のことで、そこに認知のしくみがからんでいるらしいのです。

体験していないのですから、忘れるも忘れないも関係ありません。それを「もの忘れ」だとするのは不当なことかもしれません。私たちはこれを「体験障害」と呼んでいます。例にあげた症状はすべて体験障害に該当します。

③時間の刻印がないための忘れ

それがいつ起こったのか？ 時間的な要素がわからないと、その出来事そのものを忘れてしまうようです。「昨日の出来事」「先月の出来事」「10年前の出来事」「小学校時代の出来事」というように、私たちは過去の出来事を体験するとき、必ずといっていいほど「いつ」という時間軸に刻みつけます。

パウライコフという人は『人と時間』という書物の中で、回想、つまり想起をとり上げ、回想想起は時間的連続に従う、時間の外にはどんな回想（想起）も存在しないと述べています。そしてすべての出来事には時間的目印（刻印）がつけられると述べ、時間と出来事との密着した関係を示しています。

自分が失われていく恐怖

自分を取り巻く世界の意味の喪失

私が私でなくなっていく

認知症が本人たちに与える影響のうちで、もっとも恐ろしいものがこの「私が私でなくなっていく」という感覚ではないかと思います。

クリスティーンさんは、最初の本のタイトルを『私は誰になっていくの?』としていて、本の中でもさまざまなことを述べています。

例えば「私は自分がすでに、かなり変化してきていることに気付いている」「これまでの自分を特徴づけていた情熱や欲求もなくなってきた」「自分はひどく悪い状態にあることは気付いているが、自分が『誰』であるかさえわからず…」などなど。

マクゴーウィンさんは「つまり、私は自分自身をコントロールしたり、自分に残された人間としての最小限の尊厳さえ失ってしまうのではないかと心配でならない」と述べています。

樋口さんは「若年性アルツハイマー病の初期症状が〝自分自身への違和感〟と聞いたとき、具体的にどんな違和感なのだろうかと思った。私の違和感は〝以前とは違う自分〟を発見したときの感覚」と述べ、佐藤さんは「自分をコントロールできるという自信が消え失せてしまいそう」と述べています。

「自分が自分でなくなる」というときの自分とはいったい何なのでしょう。少しややこしい話になりますが、私たちはそれぞれ「自分」として生きていきます。それはどういうことかをまず考えてみます。

「生の哲学者」と呼ばれるボルノーという人は、「生きるとはどういうことか」

を解説してくれています。

私たちは朝から晩まで、次から次へと多くの出来事を行い体験して暮らし、それが1カ月、1年…と続いていきます。それらの無数の出来事は、私の習慣や好み、あるいは価値観のもとに統制されていて、決してバラバラに無秩序に現れているのではありません。

ボルノーという人は、生とは出来事のつながりで、その人の生とはその出来事がその人なりの意味で結ばれていると述べています。

生（生き方といってもよい）は、人それぞれの個性をもっています。そして個性は、出来事を結びつけている人の意味によってつくり出されているものです。

前述したように、認知症の人たちは出来事を「体験」として成立させることができません。普通の人は、朝起きて日付や曜日を確かめ、着替え、トイレ、洗顔…と次々に起こる出来事を、「体験」として認知しています。しかし何度も述べてきたように、**認知症の人には「体験」そのものが存在しないという事態が生じます。**過去の体験を1本の鎖のように時間軸に刻もうにも、刻みつけるもの（体験）がないので、自分の「生」をつくりあげることはできないのです。

自分の生き方を決める「意味」が失われる

出来事を「体験」として成立させているのは「意味」です。認知という働きの核となる「知覚」は、物事を見たり聞いたりするだけではなく、見たもの聞いたものに意味を与えてはじめて成立します。そして、第1章で述べたように、意味は言葉によって与えられます。

認知された出来事を意味で結びつけようとするとき、出来事そのものの意味をはっきりさせなくてはなりません。

例えば私は、仕事に出かける1時間前に起床するのを決まりとしています。8時に出かけるときには7時に起床します。目覚めたとき時計の時刻が6時30分なら「まだ早い」のでまだ寝ていようとするだろうし、7時30分なら「しまった、寝過ごした」と飛び起きるでしょう。

そこには6時30分や、7時30分という時刻に意味が与えられているからです。出来事を結びつけるための意味は、私のまわりにある無数の意味の中から選びとったものです。

これに対し、認知症の知覚障害では、この意味がわからなくなっています。出来事を結びつけようにもその材料となる意味が見つからないのです。認知症の人たちの生は、出来事そのものが「体験」として存在せず、出来事を結びつけてその人の生（生き方）をつくり上げる意味も見つかりません。つまり2重の障害をこうむっていることになります。

これでは、以前の自分の生が変わってしまったと思うのは当然でしょう。人生は1本の連続体で、これが「私らしさ」というアイデンティティー（自己同一性）の根幹をなしています。「以前の自分」と「いまの自分」に違いがあれば、自分が失われたと感ずるのは当然です。失われた自分が「(それでは私は)誰になっていくの？」とクリスティーンさんは悲痛な叫びを上げています。

感情のゆらぎや身体に表れる症状

認知症の人は疲れ果ててしまう

なぜ感情が不安定になるのか？

認知症の人の訴えを読んでいくと「感情のゆらぎ」や「不安定な感情」といった状態が多いことに気付きます。

クリスティーンさんはしきりに「恐れ」と「不安」を訴えています。また以前の自分を特徴づけていた「情熱」や「意欲」もなくしてしまったとも述べています。仕事を一度にかたづけようとするとパニックに陥るため、週の各日に分割して対応するようになった。また「時々これといった理由もなく涙もろくなる」など、感情の起伏が以前のようではなくなったことも述べています。

マクゴーウィンさんも「突然気分がイライラしてきた」「自分の住んでいる街の名前を想い出せないと知ったとたん体がすっと冷たくなり涙が流れた」「運転中に涙がとめどもなく流れてきた」「家に帰るとホッとしてまた涙が流れてきた」とよく涙が流れることを語っています。

樋口さんは「夫に寄りかかっていたら涙だけが自然に流れた」と奇妙な体験を述べ、また「私はたしかに『うつ』になっている」「いいようのない淋しさが広がっていく」とも述べています。これらの訴えを読むと、感情がバランスを失って不安、怖れ、パニック、憤り、悲しみなどとなって襲ってくる状況がうかがえます。さぞつらいことだろうと思います。

認知症の根本的な障害である「認知障害」は、まわりの世界がうまく認識でき

ず、どのように行動すべきかがわからなくなることです。「世界」と自分との関係が、かつてのような安定を失って不安定になったと考えてよいでしょう。

「〇〇を見て楽しい」とか「△△を聴いて癒される」といった感情の起源は、まわりの世界にあります。認知障害でその世界との安定した関係が損なわれていけば、関連して感情もおかされていくのでしょう。

身体に現れるさまざまな症状

認知症になると、感情などの心理面だけでなく、身体症状もいろいろと現れてきます。

①疲労困憊

4人の認知症の著者が強調しているものの1つに「疲労」があります。認知症の人たちは毎日が「疲労困憊」の連続のようです。

クリスティーンさんは「ちょっとした一連のことが今の私の能力を超えてしまうので疲労の極みとなる」「大変な努力を払わなくてはすぐ間違えてしまう」と、樋口さんは「ひどい疲労感が続く、頭・首・肩のあたりが重苦しい」「激しい疲れで寝込む」「一人になるとどっと疲れが押し寄せる」と述べています。

また、クリスティーンさんは、他人と接しているときの緊張感で疲れ果て、1人になるとそれが表面化する様子を述べ、さらに「疲れきって笑うことも話すことも出来なかった」と疲労の激しさを述べています。

佐藤さんも「ともかく疲れる、疲れて起きられなくなり、起きてはいてもだるい」と述べています。

認知障害があると、目の前の出来事の「認知」に集中せざるをえなくなります。そのため「少し前・いま・少し後」の連続が断ち切られ、全体のストーリーがわからなくなります。そのわからなさを解決しようと、多大な集中力で立ち向かわなければならないので、文字どおり「一瞬も気を抜かずに」仕事や家事、会話に対処しなければなりません。これでは疲れきってしまうのは当然でしょう。すべての原因はただひとつ、認知障害にあります。

②体調、愁訴、自律神経症状

認知症になると、体調が不安定になり、良いときと悪いときの変化が激しくなるようです。それとともに「偏頭痛、眼とこめかみのあたりの痛み」「まぶたがうるさく引きつる」（クリスティーンさん）、「頭・首・肩の重い感じ、原因不明の筋肉痛・関節痛、耳鳴り、立ちくらみ」（樋口さん）など、さまざまな身体症状があることがわかります。

精神的な緊張が続けば、首や肩のこり、偏頭痛などが起こり、血圧が上がったり、動悸がするといった自律神経症状が出てくるのは不思議でも何でもありません。これらの訴えや症状は、認知障害が引き起こした身体症状といってよいでしょう。

体がゆれて転びやすくなる

認知は運動することで生まれる

身体の安定性が失われる

身体に現れる症状の1つに、ゆれや転びやすさといった「身体の動揺」があります。これは先に述べた認知症による身体症状とは性質の異なるものなので、独立した項目としてとりあげたいと思います。身体の動揺という、身体の安定性に関わる問題は、もしかしたら認知症の発生と関連する重大な要因かもしれないからです。まずは著者たちの訴えを聞いてみましょう。

この訴えがもっとも目立つのはマクゴーウィンさんです。「そのときまたちょっとバランスを失ってしまった。これでもうその日三度目だった。気が遠くなったわけでもなく、めまいを感じたわけでもなかったのだが、誰かが突然私を大きく、よろめかせようと足の下の大地を持ち上げたような感じだった」。このときは「私のバランス」にとどまっていたものが、「デッキに戻ってきたとき、ウッドデッキが突然目の前で持ち上がりゆれたような感じがして、私が思わずよろめいてしまった」というように、見ている対象がゆれ動くという感覚さえ生じています。

クリスティーンさんも「私はよく自分の足につまづく、なぜだろう。ほかのことをしながらだと（特に）つまづいてしまう」と述べています。樋口さんは、その突然の出来事に驚きながら「こんなにも突然足元が崩れていくなんて、まるで震災のようだ」と述べ、佐藤さんも「階段の昇り降りも苦手で、一歩をどのくらい踏み出したらよいのかわからなくなります。同じようにエスカレーターもどのタイミングを踏み出したらよいのかわからなくなります」と述べています。

身体の動揺や安定性に関わることが認知症の原因に関連する重大なことかもしれないと考えるのは、認知症に関する研究で、現在もっとも信頼されている結論の1つに、「中年以後に運動する習慣を身につけた人は認知症になりにくい」という事実があるからです。

ハーバード大学が認知症への運動の効果を報告

「認知症と運動」についての研究は世界の多くの研究機関が手がけています。運動習慣のあるなしが将来の認知症発症に影響するという主張は、いまや世界の定説になっています。

また米国ハーバード大学の研究グループによると、「認知症になったあとの治療法の中でも唯一成果が認められるのは『運動』だけだ」と報告しています(2011年)。

身体が安定せずに動揺するのは、「体が揺れている」という現象にとどまらず、空間のどこに何があるかという「空間認知」にも問題を生じます。

遊園地に空中をクルクル回転しながら大きな弧を描いて飛ぶ遊具(ロケット)

があります。自分の体がクルクル廻っていると、いま目に見えている空間が「上」（空の側）なのか「下」（地面の側）なのかわからなくなります。つまり自分の体が安定していないと、それにつられて上下左右も正しく認知できなくなるということです。

生まれつき身体の障害があるなどして、「首のすわり」「おすわり」「立つ」「歩く」といった発達が遅れている子どもは、同時に空間認知（右と左、上と下、手前と奥）が遅れることが、専門家の間ではよく知られています。

認知症の場合も同じで、身体の動揺は「空間認知」に影響し、空間内のどこに何があるかを認知する能力（認知地図、28ページ参照）に深くかかわっています。空間認知が失われることによって、外出時の迷子や、テレビのリモコンの置き場所を忘れるなど、さまざまな症状が生じます。

クリスティーンさんらは「自分の足につまづく」など自分の身体の動揺のレベ

ルにとどまっていますが、マクゴーウィンさんになると「ウッドデッキが持ち上がったように…」と、見ている物に動揺が伝染している様子が伝わってきます。自分とまわりの世界は一体であるという事実をよく物語っています。

また佐藤さんは、駅のホームで他人とぶつかることなくたくみに身をかわしながら歩き続けることが難しいと述べています。この動きは自分の体を動かしながら、同時に動いている相手との位置を認知し、ぶつからずにすれちがうという、かなり複雑な機能をともなう能力ですが、「空間認知」の1つであることは間違いありません。また空間認知を行うのは「自分の身体」が軸となっていることも疑いの余地はありません。

空間内の「どこに何があり、どのように動いているか」は、「物」の認知の元となり、世界と私とのかかわりを左右することになります。つまり身体が動揺するというのは、認知症を理解するうえで重大な意味をもっているのです。

認知は運動で生まれる

身体の動揺は、どこに何があるか（空間内定位）をあやうくします。このことは「動揺」という身体症状が認知と深くかかわっていることを示しています。さらにいうと「動き＝運動」は認知にとってももっと重要な役割をはたしているのです。

ある「物」を認知し、その「物」の存在を知るためには運動が欠かせません。私たちは、ただ目をあけていればその物が見えるわけではありません。

街を歩いて他人とぶつかり、「ボヤボヤするな！」と怒られた。こういう経験をお持ちの方もいると思います。これに対し、本人は「気がつかなかった」といいわけをするかもしれませんが、この人にはぶつかるまで相手が見えていなかったのです。

先にドライブの途中に出会った花の咲いた木をめぐって、友人と「見た、見なかった」の論争になったお話をしました（70ページ参照）。あの場面の「見た、見なかった」は、その木の存在が認知されたかどうかを語っています。

街で他人とぶつかった人も、ドライブ中の出来事も、ボンヤリしていて、ただ人や木に目を向けていただけだったのでしょう。こうしたボンヤリに対して、物を認知する見かたとは、言葉でいうと「注意して見る」「目を凝らす」「じっと見る」「目をとめる」などで、そこには対象となる「物」を背景から浮かび上がらせる作用があります。

同時に物を上下・左右・前後と視線を移動させ、それがどんなものなのかを知ろうとします。この段階で私たちは、眼の「動き」や、それを補足する身体の「動き」を借りていることに気付きます。

第1章で紹介したメルロ＝ポンティという人は『眼と精神』という書物の中で物を見ることは運動であると述べています。物を見つめるとき、認知の研究者にとっては、認知は運動によって生まれ、人間の認知は運動によって発達してきた機能だということはよく知られた事実のようです。

このように、運動のもっとも重要な性格の1つは、運動によってまわりの世界を知り、その世界に向かって何かの行為をすることです。

別な言い方をすれば、運動は私たちの「能動性」を形成します。そして能動性が自らの意志のもとで発揮されることを「主体性」と呼びます。つまり運動はまわりの世界との主体的かかわりをつくることなのです。

認知症の人は、クリスティーンさんが嘆いているように、「(集中すべき教会の)祈りのときにさえボンヤリ」してしまいます。またマクゴーウィンさんは、家族から「ママのボンヤリ状態」といわれています。

ボンヤリするのは、運動から離れることのようです。その結果、周囲への主体的かかわりを遠ざけ、周囲の認知も不完全になり、認知症にいたる可能性を増やしていったのかもしれません。

幻覚の症状はなぜ起こるのか？

水分不足で覚醒水準が下がる

幻視、幻聴、幻臭に悩まされる

幻覚の症状を起こす認知症として、レビー小体型認知症がよく知られています。しかし幻覚はレビー小体型認知症に限ったことではなく、アルツハイマー型など他のタイプの認知症にもめずらしくはありません。

クリスティーンさん（前頭側頭型認知症）は次のように述べています。「眠れなくて転々としていると、突然私は引きずり起こされ、ベッドに押さえつけられ、あごが動かないようにされた。そこに一緒に座っている人たちがいて、話したり、私のまわりで動いているのが見える。朝まで何度も目が覚めたが、そのたびにあちこちに引っ張られる、落ちるなどの体の動きを感じた。悪夢なら目覚めることが出来ただろうが私は眠っていなかった」(幻視)。

あるいは「ある土曜日のすばらしくよく晴れた午後、私は庭の手入れをしていた。暑い太陽の下、汗ばみ、のどが渇き…。そのとき突然私のまわりで話している人たちがいてまるでにぎやかなパーティーの中にいるように感じた」「ときどきそこにはない『匂い』を感ずることがある」(幻臭)。

さらに「どこから聞こえてくるのか、何の音なのかわからない『音』も聞こえてくる」(幻聴)。

彼女の体験は、こうした幻視、幻臭、幻聴のほか、乱暴される異常体験など多岐にわたっています。内服している薬による副作用が疑われ、服薬を中止しましたが変化した様子はありません。

幻視が特徴的だといわれるレビー小体型認知症の樋口さんは、さらに多種多様な幻覚を経験しています。

よく経験するのは虫で、飛ぶ、動きまわるなどのほか、乾燥ワカメが一瞬歩く蜘蛛に見えたり、皿の上の醤油が一瞬動いて見えたりします。

人間が見えることもあって、駐車中の自動車の助手席に女性がすわっていたり、自宅の寝室のベッドに見知らぬ男が寝ているなど恐い思いをしています。

このように本人を苦しめる幻覚とはどのようなものなのでしょう。前述のメルロ＝ポンティは、ふつう何かを見る（知覚する）とき、他の人にもそれが見える（見えている）ということが互いにわかっているが、幻覚の場合には、それが他の人には見えておらず自分だけに見えているということを知っている、と述べています。

クリスティーンさんや樋口さんの態度を見ると、たしかにそれが「自分だけに見える」と知っているようです。さらにメルロ＝ポンティによると、幻覚は「世界（周囲）が『意味』を失ったときに現れる」とも述べています。

私たちの周囲にある世界の物や人、出来事は、すべてその人にとって何らかの意味をもっています。世界は意味で充ちているといってよいでしょう。

認知という作業は物や人や出来事の意味を見出すことですから、認知症（認知障害）による「意味の喪失」に対して、勝手な意味づけが行われ、現実の世界にはありえない、その人にだけに見えるものが現われるのでしょう。


メルロ＝ポンティの説明は幻覚の性質を語るものとして説得力のあるものとはいえ、幻覚が始まる「きっかけ」の説明になっていません。

私たちは、体内の水分が正常な量の7％ほど欠乏すると幻覚が現れることを医学として知っています。これは水分欠乏により「覚醒水準が低下」することが原因です。

幻覚のみならず、水分欠乏→覚醒水準低下→認知力低下→認知症症状の発現、というメカニズムは認知症のケアにとって、運動とともに重視すべきことであると考えています。水分については第3章で詳しく述べます。

少し話が変わりますが「入眠時幻覚」をご存じでしょうか。経験したことがある人もいるかと思います。眠りにおちる瞬前に何かが見えたり聞こえたりするなどの幻覚が現れ、それに答えて喋ったりする現象です。

これに対し、睡眠とは関係なく、昼間に現れる幻覚を「白昼夢」と呼びます。これは入眠時幻覚がひどくなって昼間も見えるといわれています。

いずれにしても幻覚には「覚醒水準」がかかわっているようです。覚醒水準が低下し、まわりのことがわからなくなるというのは、世界が意味を失っていくことなので、先の説明と合致するといえます。

「その人にとって意味ある世界」というのは、「認知症の発症」と「認知症が治る」の両面において鍵を握る重要なことだと考えます。

認知症でも知性は失われない

後天的な知能の低下は誤った考え

認知症は後天的知能の低下なのか？

医師や研究者のみならず、おそらく世界中の人たち、さらには認知症本人すら、認知症は後天的な「知能の低下」と思っています。

知能の低下という言葉は、社会的なイメージとして「馬鹿になった」「何もわからなくなった」という印象を与え、認知症本人を深く傷つけます。

4人の著者たちも、傷つけられた自分を嘆き、絶望的になり、そのような扱いをやめてほしいと哀願しています。

「自分がもう価値のない人間になってしまったことはわかりすぎるくらいわかっ

ていた」「頭が駄目になったんじゃないわ、そんなふうにいわないで、神経科的な障害があるだけなのよジャック（夫）」と、マクゴーウィンさんは述べています。この悲痛な叫びは夫に向かってのものであると同時に、社会全体への叫びと考えるべきでしょう。

私たちは認知症の人たちの訴えや症状から、認知症とは何なのかを探ってきました。そして認知障害からその訴えや症状の現れるメカニズムを考えてきました。その結果、次のようなことがわかってきました。これらは後天的な「知能の低下」といわれるものの正体といえます。

［例1］100－7テストで正解できないのは、認知障害のため、「数」というまとまりの概念があやふやになることに原因があります。

［例2］これから5つの品物を見せます。それを隠しますので何があったか言っ

てください、という認知症のテストがあります。このテストができないのは認知障害のため、「その品物を見た」という出来事が「体験」として成立していないことに原因があります。

［例1］も［例2］も「長谷川式認知症スケール」に含まれています。この2問を含む9問の得点で20点以下を認知症の疑いありとしています。

ここで読者の皆さんは次のような疑問を感じると思います。認知症の人は単に認知障害を起こしているだけなのに、なぜ大げさに後天的な「知能の障害」といわなければならないのでしょうか？　あるいは、認知障害と「知能の障害」とは同じことでしょうか？　この2つの関係はわかっているのでしょうか？

知能とは「環境に適応する能力」

知能検査の権威であるウエクスラーという人は、知能を「環境に適応する能力」

であると定義しています。次の例を考えてみてください。

お金の計算がうまく出来ない認知症の人によくみられるのが、スーパーなどで自分で計算せず1万円札を出してお釣りをもらうという姿です。日本の店舗の店員は計算能力が高いうえに、お釣りをごまかすことは決してない、ということを誰もが知っています。そう考えれば、この例は環境に適応しているともいえます。

よく道に迷うマクゴーウィンさんは、自分の家に帰れなくなり、通りかかった公園の管理人に自分の住む街の名を告げて帰り道を教えてもらいました。かなり時間がかかったものの家に帰ることができました。このように他人に教えてもらうのは環境に適応する能力に含めてよいのではないでしょうか。

人を人たらしめているのは「知性」

人間の「知」を語る言葉には「知能」のほかに「知性」があります。この2つが、どのように違うかわかるでしょうか？

インターネットで「知能と知性」と検索すると、知能とは答えのある問いに素早く適切な答えを出す能力である、といった説明がされています。

また知能は人間だけに用いられる言葉（概念）ではなく、「チンパンジーの知能」といった表現もみられます。檻の外のバナナを棒を使って引き寄せる、などの行動をみて人は「チンパンジーの知能は高い」といいます。

一方の「知性」は、知識を身につけて物事を整理して考える能力で、判断力、思考力、理解力などの言葉が関連します。「知性豊かな人」や「知性を磨く」など、人について用いられ、「チンバンジーの知性」といわれることはありません。

人を人たらしめているのは知能ではなく、知性なのだといっても間違いないでしょう。

では認知症の人たちは「知性」を失ってしまったのでしょうか？ 決してそうではありません。

認知症の方々が書いた本を読む限り、認知症に悩み苦しみながらも知性豊かな人の姿が浮かび上がってきます。

いつも道に迷い、うろたえ、嘆き悲しむことの多いマクゴーウィンさんは次のように述べています。

「こうした日には（何か失敗をした日）には、孤独だとか、自分はまったく価値のない人間だと思い込むといった最悪の精神状態になってしまう。私たちは誰だって生きる価値があり、隣に住んでいる人と同じ権利を持っているはずだ。ところが大勢の人のなかにいると自分は価値のない人間のように感じてしまう。人がたくさんいるところや人通りの多い大通りにいると私は委縮してしまうのだ。他の人たちは皆行くべきところを持つ「価値のある人間」だと――でもその人たちがどこに行くのか、いったい誰が知っているというのだろうか」。

「いつも私のそばにいて一緒に歩いてくれる人がいなければ、あるいは私にも価値があることを本当にわかってくれる道連れの愛情がなければ、どうして道のない迷路のような旅路をこれからも歩み続けられるだろう」。

樋口さんや佐藤さんの本には、認知症の当事者として講演を依頼されたことが書かれています。そこで一般の聴衆から「あなたは本当に認知症なんですか」と問われるようです。聴衆は演者の知性をすばやく感じとり、「何もわからない人」という社会的イメージとあまりにも違うことに驚いているのでしょう。

認知症は治せる病気

失われた主体性を取り戻す

認知症がみるみる改善した

認知症は時間とともに進行し数年で廃人のようになる。どの医師もこのようにいいます。また治療は進行をゆるやかにするしかない、ともいわれます。本当にそうなのでしょうか。

レビー小体型認知症と診断された樋口さんの著書のタイトルは『私の脳で起こったこと　レビー小体型認知症からの復活』とあります。

ここでは認知症が治った・改善したという点に注目し、何が功を奏しているのかを検討することにしましょう。

まず樋口さんの経過をみてみます。彼女は１９６２年生まれ、30代後半から幻視が起こるようになり、41歳（２００３年）のときにうつ病と診断されます（後に誤診と判定）。２０１３年にレビー小体型認知症と診断され治療を始めます。複数の医師から様々な薬を処方され、症状のあるものは軽快し、またぶり返すと一進一退を続け本人も喜んだり絶望したりの一喜一憂をくり返していきます。

しかし同じレビー小体型認知症のOさんと話し、樋口さんはいままで隠し続け

ていた自分の病気を友人に話す決心をして実行し、自分の2人の子どもにも伝えました。子どもたちは自然に受けとめ、「歩けなくなっても車椅子がある」「倒れたらいつでも帰ってくる、介護休暇もある」と答えます。子どもたちは樋口さんの想像を超え、人を支える存在に成長していたのです。

これを聞いて樋口さんは「私はもう何があろうとも生きていけると思う。大丈夫、絶対に進行はさせない。今の私は最強」と思うまでになります。

その後も症状の一進一退は続きますが、2014年10月、30年来の仲間の集まりに参加し、途中で力尽きることなく2次会、3次会と楽しく語り合い、家に帰ってくることができました。このときのことを次のように述べています。

「改めて確信する。人と会い、楽しく笑って話すことは薬よりも劇的な効果がある。毎日楽しく笑って過ごせば、どんな薬よりも効くのだ」。

この出来事を境に、樋口さんの症状はみるみる改善していきます。例えば、もうできないと思っていた英語も、毎日友人とメールのやり取りをしているうちに以前のように書けるようになりました。漢字が出てこない、字のバランスがとれない、間違える、疲れる、といった理由で書くのをやめていた葉書を2枚書いたことがきっかけで、今は漢字も書けるし、文字のバランスもとれるようになりました。

「2014年秋に病気を隠して生きるのはやめようと決めたとき、さらに大きく改善して、今認知機能の低下はほとんどありません」と述べています。そして樋口さんは、自分の症状を改善させたものとして、次のことを上げています。

・笑うこと、楽しい・うれしい・ワクワクするもの

・脳や体の血流をよくするもの、リズミカルな運動、ツボ刺激など

・心身をほぐして気持ちのよいもの―ストレッチ、ヨガ、マッサージ、指圧（以下省略）

自動車の運転を再開できた

同じように「回復している」と語っているのはクリスティーンさんです。彼女は46歳（１９９５年）のときにアルツハイマー病（後に前頭側頭型認知症）の診断を受け、オーストラリア政府の要職から退職。その後さまざまな症状が現れて病気の進行をうかがわせるも、１９９７年後半頃より回復が始まり、同年10月には以前に比べてずっとよくなっていると感じられ、１９９８年には「私はよくなり続けている」と断言するまでになりました。

例えば、１９９７年4月にはやめていた自動車の運転を再開しました。また頭が全体に霧がかかったようだったのが、はっきりしてきたとも述べています。一年前にはとても考えられなかったことにも取り組めるようになり、彼女の友人たちもずっとよくなっている、といっています。

クリスティーンさんが「奇跡の治療」と呼んでいるのは信仰の復活です。しばらく疎遠になっていた教会で、「教会仲間」と心温まる交流ができたことでした。マクゴーウィンさんは、みずから回復したとはいっていませんが、地元のアルツハイマー病協会に入って、その事務局の仕事をするようになり、次のように述べるようになります。

「私にはまだ愛する人と家庭がある。これからも毎日自分でなくなっていくと感じる日があるかもしれないが、私はここにいる。ダイアナ・マクゴーウィンはちゃんと存在しているのだ！　私はいま幸せだ」。

佐藤さんもご自分ではよくなっているとは書いていませんが、当事者の会をはじめ、外国にまで出かけて人間関係の輪を広げ、スマートフォンの使い方を覚えて、前向きに生活している様子が述べられています。

人との交流が認知症を回復させる

今皆さんの読まれているこの本は、「認知症を治す」ことを目標にして書かれています。その具体的な方法は次章から説明していきますが、ここでとりあげた人と人との関わりは、認知症を治すための重要な手がかりの1つであると私は考えています。

これまで述べてきたように、認知症は認知障害が元となって起こる病気です。なぜ認知障害が起こるのかはまだよくわかっていません。しかし、ここまで読まれた方は、認知の核となる「知覚」が、私たちの能動的な行為であることがおわかりいただけたと思います。

私たちは能動的に見ようとするからそれが見える、ということを知りました。となると認知症の元の認知障害というのは、自分のまわりの世界に積極的に向かっていく「能動性」が冒されたのかもしれません。

能動性を「主体性」という言葉に置きかえてみると、認知障害は「世界への主体性の喪失」ともいえるでしょう。

確かに認知症の人の訴えや症状を読んでいると、彼らは目の前でいま起こっている出来事に振りまわされ、自分を見失っている様子が伝わってきます。まわりの世界との関係が以前とは一変し、そのことが「自分とは何か」というアイデンティティーまでわからなくしている様子もうかがえます。

認知症を改善し治すには、「周囲との関係性」を修復し、主体性を取り戻して再び世界の主導権を取り戻さねばなりません。

それを可能とするのが、よき理解者（家族や仲間）のようなのです。樋口さんが友人やご自分の子どもたちに自分の病気を話して理解を得られたとき、それまでの関係性は一変しました。それがマクゴーウィンさんに「私はここにいる」との存在感を植えつけ、もはや周囲の状況に翻弄される自分ではないと実感させている様子が伝わってきます。**人との交流（関係）こそが認知症を回復させる力の1つとなるのです。**

第3章

クスリなしで認知症は治せる

認知症が治る病気であることは実証済み

異常な行動の意味を理解すれば改善できる

認知症は現代医学では「治らない病気」といわれています。それゆえ、例えば親が認知症と診断されると、その人を支える家族は「これからどんな介護生活が待っているのだろう」と絶望的な気持ちになってしまいがちです。

すでに、認知症の介護をしている家族にとっても同様です。日に日に症状が悪化していく親を目の当たりにしている家族は、出口のない不安を抱え続けています。あるいは、自宅での介護は難しいから、「施設に入れよう」と考えている家族もいることでしょう。しかし、決して絶望することはありません。

「認知症は治らない」は誤りです。事実、第1〜2章に登場した樋口さん（レビー小体型認知症と診断）や、クリスティーンさん（前頭側頭型認知症と診断）の改善例をみたように、**認知症がよくなることは決して珍しいことではありません。**

私は1973年に特別養護老人ホームの協力医となって以来、50年近くにわたって、さまざまな認知症の人と接してきました。その経験から、認知症は治る病気であることを実証してきました。

ただ、認知症を治すためには、認知症のことをよく理解しなければなりません。認知症の人が見せる症状は、実にさまざまで、介護する家族には理解できない突飛な行動や、異常な行動もあります。

認知症の人たちが、なぜそうした行動をとるのかは、認知症の人の立場になって考えなければわかりません。それを知ってほしくて、本書の第1～2章では、認知症の人のアタマの中で何が起こっているのかを詳しく解説しました。

それを踏まえて、ここからは、認知症を治すために、具体的にどうすればよいかを解説していきます。

おもな4つの認知症は何が違うのか?

複数のタイプが混在していることも

認知症にはいくつかのタイプがあります。おもなものは次の4つ。**アルツハイマー型認知症、脳血管性認知症、レビー小体型認知症、前頭側頭型認知症**です。

認知症で介護サービスを受ける場合、要介護認定の申請に「主治医の意見書」が必要といわれています。意見書には、おそらく4つの認知症のいずれかが診断名として書かれていると思います。

しかし結論からいうと、これらの病名にはほとんど意味がありません。といっても、読者のみなさんは診断された病気がどんなものなのか知りたいはずです。そこで、4つの認知症について、あくまで一般的にいわれていることを述べておきますので、参考にしてください。

①アルツハイマー型認知症（アルツハイマー病）

1907年、ドイツのアロイス・アルツハイマーが51歳の女性に、初めてこの病気を認めたことから、この名前があります。認知症の4つのタイプの中ではもっとも多いといわれています。

脳内に異常物質（アミロイド斑あるいは老人斑と呼ばれる）が蓄積することで、脳の情報伝達ができなくなり、やがて脳細胞が死滅します。さらに進行すると、脳の海馬（記憶を司る部分）が萎縮していきます。

初期症状は、最近のできごとを記憶することができなくなり、進行すると長期的な記憶もできなくなります。また損傷を受けた脳の部位によって、さまざまな症状が出てくるといわれています。

ただ、アルツハイマー病の初期段階では、症状が他の認知症と似ているため、判別しにくいともいわれています。

②脳血管性認知症

脳梗塞や脳出血、くも膜下出血など、脳の血管に詰まりや出血が起こる病気を脳血管障害といいます。脳血管障害が起こると、脳に酸素や栄養がとどかなくなり、その結果、脳細胞が死滅して認知症の症状が出てきます。脳血管障害の大きな発作を起こしたことがなくても、小さな梗塞（微小脳梗塞）が起きて、本人に自覚がないのに脳血管性認知症になっている場合もあります。

脳細胞の死滅部位によって、認知症だけでなく、運動機能や言語障害などの症状をともなうことがある一方、障害を受けていない部位の機能は保たれるので、俗に「まだら認知症」とも呼ばれます。

しかし、脳血管性認知症はアルツハイマー病と似ているように見えることもあります。またアルツハイマー病と脳血管性認知症が混在していることも多く、両者を明確に区別するのはむずかしいともいわれています。

③レビー小体型認知症

レビー小体とは、神経細胞にできる異常なたんぱく質のことです。レビー小体が大脳に多く現われると、脳の神経細胞が死滅するのではないかと考えられていますが、詳しい原因はわかっていません。

この認知症に特有の症状だといわれているのが幻覚（幻視、幻聴、幻臭など）です。そのため、幻覚があるとレビー小体型認知症と結びつけられがちですが、幻覚は他の認知症でも起こります。

またレビー小体型認知症も、アルツハイマー型認知症や脳血管性認知症と合併していることがあります。

この他、レビー小体型認知症の症状として、妄想やうつ、体のふるえなどがあるといわれ、また、距離を把握しづらくなって、転倒しやすくなるともいわれています。

④前頭側頭型認知症

脳の前頭葉と側頭葉という部分の神経細胞が少しずつ損傷していくことによって、さまざまな症状が出てくる認知症です。原因は脳の神経細胞の中にある「ダウたんぱく」などのたんぱく質が関わっているといわれていますが、原因解明にまでは至っていません。

前頭葉が損傷されると、まわりの状況に配慮せずに自分が思ったとおりに行動する能力や、判断力が低下するといわれています。また側頭葉が損傷されると、言語や情緒に影響が現われるといわれています。

前頭側頭型認知症の１つにピック病と呼ばれるものがあります。前頭葉、側頭葉の損傷に加えて、脳の神経細胞に「Ｐｉｃｋ球」と呼ばれるものがあるものをいいますが、情緒不安定になったり、自制力が低下したり、万引きを繰り返すといった社会生活から逸脱した行動をとることもあるといわれています。

認知症の診断名には意味がない

クスリでは認知症は治せない

認知症のおもな4つのタイプと呼ばれているものを簡単に説明しました。この本の読者は、家族がこのいずれかに診断されたのではないかと思います。しかし、4つのタイプは「混在」や「合併」するケースが多いといわれているように、どのタイプであるか特定して診断することは意味がありません。

また、第1～2章で紹介したクリスティーンさんの場合は、最初はアルツハイマー病と診断され、その後、前頭側頭型認知症に診断名が変わっています。医師の診断が正しいかどうかもあやしいのです。

ですから、診断名は意味がありません。これから詳しく述べていきますが、どんな診断名であっても、認知症を治す方法はすべて同じなのです。

クスリを飲まなくても認知症は治る

医師の診断にはもう1つの問題があります。それは認知症のクスリを処方されることです。

ところが、クスリで認知症を治すことはできません。読者の中には認知症の家族に、ドペジネル（アリセプト）というクスリが処方されているかもしれません。認知症の薬ではもっとも知られているクスリの1つですが、このクスリは病気の進行を遅らせるだけで、治すことはできません。むしろ、認知症の症状改善の妨げになります。

また、認知症のさまざまな症状を抑えるために、精神安定剤や抗不安薬などが処方されることもあります。これらのクスリも認知症の症状改善には何の効果もありません。これらのクスリは服用するべきではありません。

クスリの問題については、第5章（216ページ）で詳しく説明していますが、服薬している場合は、できるだけ中止すべきです。

では何で治るのかというと、それは「ケア」です。**家族を始め、介護施設などのケアでしか認知症は治せないのです。**これが50年近く認知症ケアに関わってきた私の結論です。

そして、ケアで1番大切なことが、いま目の前にある症状が、なぜ起きているのかを理解することです。それには認知症の人にとって現実世界がどのように見えているかを知らなければなりません。そのため、第1～2章で認知症の人が書いた本の分析を行ったのです。

正しい理論に基づいた適切なケアを行えば、認知症は改善します。適切なケアによって、異常な言動などの症状が消えてしまえば、認知症は治ったといってよいのです。

4つの基本ケアで認知症を治す

問題行動のほとんどはこのケアで消失

ここから、認知症を治す基本ケアについてお話しします。必要なケアは、**①水、②運動、③食事、④排泄**の4つです。

①水とは水分摂取のことです。水は4つのケアの中の1つではありますが、認知症ケアにとっては特に重要です。

また、②運動も大事です。第2章で述べたように、認知症の治療の中で唯一成果が認められているのが運動です。

③食事や④排泄も生きるための基本的な営みですから、認知症ケアに欠かすことができません。

この4つの基本ケアを行うことによって、認知症の問題行動と呼ばれる症状はほとんど消失します。

認知症の人のケアをしていて、何か問題行動などがあって困っている人は、まずこの4つの基本ケアを始めてみてください。

例えば、夜になると騒いだり、乱暴をするといった症状があったとします。4つの基本ケアを続ければ、この症状は消えてしまうでしょう。

ただ、症状が消えた後も、忘れっぽいとか、ちょっとした勘違いなどが残るかもしれません。しかし、よく考えてみれば、忘れたり、勘違いするのは若い人にも見られます。年をとってそれがいくらか目立つようになったからといって、家族が神経質になる必要はありません。

年をとれば誰でも、もの忘れが多くなりますし、勘違いすることも多くなります。それは老化現象の1つであり、異常な行動が見られなければ、認知症ではありません。

4つの基本ケア①

水

認知症状を起こす第1の原因は水分不足

総水分量の1〜2％減れば意識障害が起こる

水分摂取量が少ないと、認知症の症状が出やすくなります。**水というのは、人の「意識」をはっきりさせる働きがあり、水分が足りないと頭がぼんやりします。**

これは認知症の人でも、健康な人でも同様です。

わかりやすいのが熱中症です。高温にさらされて、体内の水分が減ると、意識障害におちいります。さらに、水分不足で発汗などによる体温調節機能が働かなくなると、昏睡状態におちいり、最悪の場合は死に至ります。人の体にとって、水分がいかに大切かがわかるでしょう。

人体を構成している物質の中で、もっとも多いのが水分です。体内の水分の割

1～2%の水分減少で体調が変化

水分減少率	何が起こるか
1～2%	疲労感、イライラ、頭がぼんやりする、覚醒レベルが低下
3%	血液循環が悪くなり、脳梗塞などが起こりやすくなる
5%	体の自由がきかなくなる
7%	幻覚、幻聴、意識混濁が起こる
10%	死に至る

※竹内孝仁『ボケの8割は「水、便、メシ、運動」で治る』(廣済堂出版)より

合は幼児で70%、65歳までの成人で60%、65歳以上の高齢者が50%くらいといわれています。

総水分量の1～2%が減っただけでも、頭がぼんやりするとか、イライラや疲労を感じるなどの意識障害が起こります。65歳で体重60kgの人なら、体重の50%で総水分量は25kg分、2万5000ccになります。そのうちの1～2%は250～500ccの水分です。500ccのペットボトル1本分の水が失われるだけで、意識障害が起こってしまうのです。

１日１５００㏄の水分が必要

ではどのくらいの水分補給が必要なのでしょうか。体内の水分は循環し、最後は尿や汗によって体の外に出ていきます。

１日に体からは約２４００～２８００㏄の水分が出ていきます。そのうち、約１５００㏄は尿として出ていきます。また、便からは約２００～３００㏄の水分が出ます。さらに、呼気や皮膚からの蒸散（不感蒸散）で７００～１０００㏄が出ていきます。

こうして失われた水分は補給しなければなりません。細胞の中で脂肪が燃えてエネルギーになるとき、水（燃焼水）と炭酸ガスが発生します。この水が２００～３００㏄です。また、肉や魚、ごはん、みそ汁など、食事に含まれる水分が、平均７００～１０００㏄です。

当然のことながら、これだけでは足りません。**残りの１５００㏄は、水などの**

飲み物を飲んで補給しなければならないのです。

前述したように、高齢者は体内の水分量が少ないので、成人よりも脱水しやすいといえます。

また、高齢者は若い頃に比べて筋肉量が落ちているため、筋肉に蓄える水分量も少なくなります。筋肉は体の中で1番水分を蓄える組織ですが、その量が少なくなるため、脱水しやすくなるのです。

さらに、高齢者は腎機能が低下するため、老廃物を排出するのにたくさんの水分を必要とします。その結果、尿の量が増えます。基礎代謝も落ちるため、体内でつくられる燃焼水も減少します。そして、高齢になると感覚が鈍って、のどの渇きを感じなくなることも脱水の原因の1つです。

このように脱水しやすい条件が重なっているので、認知症に限らず高齢者は、普段から水分を多くとるように心がけないといけないのです。

水を飲むとよく眠れ、尿失禁もなくなる

夜になると認知症の問題行動が起きやすいのは、日中に十分な水分を摂取していないため、夕方から夜にかけて脱水状態になるからです。

実際、夜になると興奮して騒ぐなどの問題行動を起こしている場合、十分な水分摂取を行うと、1～2日で症状がとれてしまうケースが少なくありません。

また、終日ぼんやりしていて反応がない、歩き方がおぼつかないといった症状も、脱水による意識障害が原因なので、水分を摂らせると改善します。

認知力を高めるためには、意識の覚醒レベルを上げなければなりません。覚醒レベルが落ちるもっとも大きな原因が脱水です。逆にいうと、意識レベルを上げるためには水分が必要ということになります。

意識障害は脳の血流が悪くなることで起こります。水分が不足すると、血液の

量も減るので、血液がドロドロになり、脳梗塞も起こりやすくなります。

夜寝ている間は体から水分がどんどん出ていくため、脳梗塞は明け方に起こりやすく、これを防ぐために「寝る前にコップ1杯の水を飲め」といわれています。しかし、高齢者の多くは「夜中にトイレに行きたくなって眠れなくなる」といった理由で、寝る前の水分摂取を嫌がります。また、尿失禁のある人を介護している家族は、尿失禁が心配で水を飲ませたがりません。

ところが、夜中に尿失禁する人には、水を飲ませたほうがよいのです。尿失禁するのは、意識レベルが低下しているため、尿意の感覚がマヒしてしまうからです。さらに、意識レベルが低下すると、場所の認知ができなくなるため、目が覚めても、どこがトイレなのか判断できなくなります。

これに対し、水分をしっかり摂らせるようにすると、意識がはっきりするため、尿意を感じるようになります。目が覚めても意識がはっきりしているのでトイレの場所も認識できます。その結果、夜中の尿失禁が減ってくるのです。

水分は水以外でもかまわない

前述のように、1日に摂らなければいけない水分量は1500ccが目安です。ただし、熱中症による脱水症状が起こりやすい7～8月は、2000ccくらいまで増やしたほうがよいでしょう。

ただし、心不全や腎不全などの持病があり水分制限を指導されている人は、必ず主治医を相談してから始めてください。

日頃から水を飲む習慣がないと、1日1500ccは大変な量に思われるかもしれません。そこで私がすすめているのが、500ccのペットボトルを用いる方法です。500ccのペットボトル3本（合計1500cc）に水を詰めておき、これを少しずつ飲んで、寝る前に空になるようにするのです。

あるいは、普通のコップは1杯200ccくらいなので、1日にコップ7～8杯分を必ず飲むと覚えておいてもよいでしょう。

もちろん、水以外で水分補給してもかまいません。コーヒーやお茶（緑茶）に含まれるカフェインには利尿作用があるからダメ、という人がいますが、これらの飲みものによる利尿作用は微々たるものなので気にせず飲んでください。

お茶、ほうじ茶、紅茶、コーヒー、牛乳、ジュース、スポーツドリンク、サイダー、乳酸菌飲料、具の入っていないコンソメスープなど、飲みものであればなんでもかまいません。ただし、ビールなどのアルコール類は、お茶よりも強力な利尿作用があるので、1500ccの水分量にはカウントしないでください。みそ汁やポタージュなど具の入った汁物もカウントしません。水やお茶を飲むと、むせる人は、ゼリーや寒天を利用する方法もあります。

飲んでくれないときは、家族も一緒に飲むと、安心して飲んでくれることが多いので試してみてください。

水分摂取量を記録する

1日にどれくらい水分が摂れたかは、きちんと記録するようにします。1日の摂取量が不足している場合、どれくらい増やせばよいかといった判断もしやすくなります。

左ページに、私が関わった施設で用いている記録表（状況表）と記入例を掲載しているので、これをコピーして使用してください。記入例にあるように、水分のほか、食事やおやつ、排便、運動の状況なども合わせて記録するとよいのですが、最初は水分摂取の記録だけでかまいません。

記録に慣れてきたら、巻末（222ページ）の認知症周辺症状チェック表を用いることをおすすめします。これは最近になって私が考案したもので、使い方は第5章を読めばわかります。このチャートを用いると、水分摂取量と症状の頻度や強さとの関係がよくわかるようになります。

〈状況表〉

注　1週間、続けて記入してください。

参加者 NO.　　氏名

	記入例		／ （ ）		／ （ ）		／ （ ）		／ （ ）		／ （ ）		／ （ ）		／ （ ）	
時刻	水分	他の状況	水分	他の状況	水分	他の状況	水分	他の状況	水分	他の状況	水分	他の状況	水分	他の状況	水分	他の状況
6:00																
7:00																
8:00	200	○														
9:00		□														
10:00	(150)															
11:00																
12:00	(250)	○														
13:00																
14:00		ウ (15分)														
15:00	150	△														
16:00																
17:00		サ (20分)														
18:00	250	○														
19:00																
20:00																
21:00	100															
22:00																
計	1100															
備考	デイサービス、通院、外出など															

※水分は量(ml)を記入。デイサービスでの水分は（　　　）。　食事⇒○、おやつ⇒△、排便⇒□、外出⇒サ（散歩）、ウ（ウォーキング）㊟必ず○分又は○km

4つの基本ケア②

運動

運動には認知症を治す証拠がある

寝たきりの人も歩けるようになる

認知症を治すには、運動が不可欠です。前に述べたように、運動には認知症を治す証拠があります。寝たきりの認知症の人を治すために、運動は必要不可欠のケアです。

50年近く前、私が特別養護老人ホームで担当医を始めた施設では、おむつをされて寝たきりのお年寄りであふれていました。

その状況を何とか変えようと思って取り組んだのが「おむつ外し運動」です。それから10年ほどかかりましたが、都内の特別養護老人ホームで6割を占めていたおむつ介護を、すべて「おむつゼロ」にすることができました。

「おむつゼロ」を実現できたのは、寝たきりになっている人を起き上がらせて、歩いてトイレに行けるようになることを目指したからです。

体は動かさないでいると、筋肉の使い方を忘れてしまいます。年齢に関係なく、20代の若者でも、入院して何日か寝たきりになると、立ち上がることすらおぼつかなくなります。

しばらく寝たきりでいると、体がうまく動かせなくなる理由は、筋力低下だけではありません。筋肉を使わないでいたために、どうやって筋肉を動かせばよいのか、脳が忘れてしまうのです。

しかし、脳が忘れているなら、思い出させればよいのです。おむつ外し運動では、歩行器を用いた歩行訓練を徹底しました。その結果、自分の足でトイレに行ける人が増えてきました。それに比例するように、認知症の症状が改善される人も増えてきたのです。

運動は歩くだけでよい

認知症になると、体の動きがどんどん悪くなるといわれています。一方、体の動きが悪くなると、認知症の症状が悪化することもわかっています。

逆に、体をよく動かすようにすると、脳を刺激して意識の覚醒レベルを上げる手助けをしてくれます。

特に、1日中ぼんやりして動くことが少ないような人は、体を動かす機会を増やすことが重要です。

体を動かすといっても、特別な運動は必要ありません。**認知症ケアの運動は、歩くだけで十分効果があります。**

歩行は全身の筋肉を使う運動です。しかも、個々の筋肉にはそれほど負荷がかからないのに、全身に適度な運動負荷がかかるので、もっともバランスのよい運動といえます。さらに、歩くことそれ自体が意識の覚醒レベルを上げて、認知力の回復に役立ちます。

最初のうちは、近所を軽く散歩するくらいでかまいません。歩く距離の目安は1日2000mです。高齢者のペースであれば、20~30分歩くことになるでしょうか。だんだん歩けるようになったら、歩く時間を増やすようにすればよいでしょう。

運動と水は、認知症ケアの両輪です。日中しっかり水を飲んで意識を覚醒させるとともに、運動で活動量を増やせば、日中につくられる尿の量が増えて、夜間につくられる量が減ります。

さらに、昼間運動すると、夜は疲れてよく眠れるようになります。つまり、運動と水のケアによって、夜中に何度もトイレに起きること（夜間頻尿）がなくなるのです。

パワーリハビリテーション

歩くことは、認知症を治すためにとてもよい運動ですが、これにパワーリハビリテーション（パワーリハビリ）を加えると、さらに認知力を回復する効果が高まります。

パワーリハビリとは、ジムにあるような運動マシンを使って、普段使われていない筋肉を刺激する運動療法のことをいいます。**認知症を始め、パーキンソン病やうつ病にも効果があることが知られています。**

近年、高齢者を対象としたパワーリハビリが注目されていますが、おもりなどの負荷は高齢者向けに軽くしてあるので、心臓などへの負担が少なく、危険性の心配はありません。それでいて、認知症の人でも筋肉にしっかり負荷がかけられるというメリットがあります。

筋肉に負荷がかかる運動を行うことで、認知症になると減少するといわれる脳内物質「アセチルコリン」の分泌が増えることがわかっています。

アセチルコリンは、筋肉の動きを始め、尿意などをコントロールする自律神経の働きにも関わっている物質です。アセチルコリンの分泌を増やすことで、認知症の改善にも効果があると考えられています。

このアセチルコリンを増やす効果があるのが、筋肉を刺激するパワーリハビリのような運動です。このような運動を行うと、じっとしているときの10万倍ものアセチルコリンが分泌されることがわかっています。

パワーリハビリは、デイサービスセンターを始め、さまざまな施設で取り入れられています。また、パワーリハビリを専門としている高齢者向けのリハビリセンターなども増えてきているので、情報を集めて利用してみることをおすすめします。

4つの基本ケア③

食事

低栄養になると認知力が回復しない

1日1500キロカロリーは必要

運動するためには、食事から十分なエネルギーを確保しなければなりません。ところが、認知症の人は少食で、エネルギーが明らかに不足していることが多いのです。

認知症を専門としている都内のデイサービスセンターで栄養調査を行ったところ、1日の摂取エネルギーがわずか600キロカロリーという人がいました。これでは低栄養になり、認知力が回復しづらくなります。

一般に、高齢になると食が細くなりがちだといわれています。しかし、高齢者でも1日1500キロカロリーは摂取しないと低栄養におちいります。さらに、認知症の人は、さまざまな理由から、低栄養になりやすいので、介護する家族は注意する必要があるのです。

認知症の人が低栄養におちいりやすい理由の1つが、意識がぼんやりしているので日常的な活動量が少なく、しかも体を動かさないことで、食欲がわきにくいということがあります。

また、高齢で認知症の人は、味覚が鈍るため、食事への興味や関心が薄れて、積極的に食べなくなるという理由もあります。

さらに、食べるペースが遅くなるため、まだ食べ終わっていないのに、介護者が「もうおなかがいっぱいなのかな?」と思って食事を下げてしまうことも理由の1つです。

本人に「もう食べなくていいの?」と聞いても、反応が鈍かったり、あいまいにうなずいたりするだけなので、そのまま食事が終わってしまうのです。これでは十分な栄養は摂れません。

たんぱく質を減らさない

認知症の人の食事は、カロリーも重要ですが、たんぱく質をしっかり摂る必要があります。

運動するには筋肉が必要です。運動しないと筋肉量が減って、ますます動けなくなってしまいます。しかし、運動しても、筋肉の材料であるたんぱく質も摂らなければ筋肉量は増えません。

十分なたんぱく質を摂らないと、使える筋肉が減って、運動する体力もなくなり、やがて関節が退化して、寝たきりになる危険性も上昇します。寝たきりが認知力を低下させるのはすでに述べたとおりです。

厚生労働省の「日本人の食事摂取基準2020年版」では、高齢者のフレイル(虚弱)を予防する観点から、高齢者(65歳以上)で、1・0g/体重(kg)/日以上のたんぱく質を摂取することが望ましいとされています。

例えば、体重が60kgであれば1日60g以上のたんぱく質が必要ということになります。

たんぱく質には動物性のものと植物性のものがあります。植物性たんぱく質の代表は大豆製品ですが、豆腐100gに含まれるたんぱく質は5gしかありません。これに対し、動物性たんぱく質は、鶏肉100gで25gです。**たんぱく質不足を改善するには、肉や魚、卵など、意識的に動物性たんぱく質を摂るように心がけましょう。**

カロリーやたんぱく質量を落とさないためには、他の家族と同じ内容のメニューにすることです。これなら、十分な栄養を確保できますし、家族と一緒に食べることができるので、積極的に食べてくれるでしょう。**1人で食べる「孤食」は低栄養のもとなので、一緒に食べることが大切です。**

やわらかいものばかりではいけない

家族と同じものを食べさせるというと、「歯が悪いから食べられない」という人がいます。

かたいものが食べられないという高齢者に対し、飲み込みやすいようにおかゆにしたり、ミキサーでペースト状にして食べさせる人がいますが、やわらかいものばかり食べていると、かむ力（咀嚼《そしゃく》力）が落ちてきます。その結果、むせたり、食べものが気管支に入る「誤嚥《ごえん》」を起こしやすくします。

また、最近の研究で、かまないと脳全体の活性度がガタンと落ちるということがわかってきました。逆に、かむと脳に刺激がどんどん伝わって、意識もはっきりしてくるのです。

つまり、かみごたえのあるものを、しっかりかんで食べることは、認知症の改善にもつながるということです。

かたいものが食べられないという人は、入れ歯が合っていないケースが多いようです。そこで私は歯科のあるグループに呼びかけて、入れ歯を調整してもらうようにしました。

高齢者の場合、3カ月くらいかけて新しい入れ歯をつくるとすると、その間にも口腔機能が低下するので、今使っている入れ歯を調整して合わせるようにしないといけません。この歯科のグループでは、30分ほどでピタリと調整することができます。

入れ歯が合うと、その瞬間から顔つきが変わってくるケースも珍しくありません。入れ歯を直しただけで、認知症の症状が消えていくのです。

また、入れ歯が合うと、おいしく食べられるようになるので、食欲も増して、低栄養も防げます。

4つの基本ケア④

排泄

便秘の不快感が認知症を悪化させる

水、運動、食事で排便は規則正しくなる

やわらかいものばかり食べていると、低栄養をまねくばかりか、胃腸への刺激も少なくなって、排泄される量も減ります。その結果、便秘なども起こりやすくなります。

実は、便秘は認知症の大敵です。便秘による体の不快感が、気分を乱して認知症の症状を悪化させているケースがとても多いのです。

認知症の人が暴れたり、意味不明のことを叫んだりするのは、排便のサインであることがよくあります。これは便秘の不快感により、1つのことに関心を向けていることがむずかしくなり、注意障害や関心障害が起こって、認知症の症状を悪化させるのです。

先に紹介した状況表（141ページ）に、排便の項目があるのは、便秘をしていないかどうかをチェックするためです。

そこで、排便サイクルを規則正しくすることが認知症のケアではとても重要なことになります。そのためには、規則正しい食事をすることが何よりも大切です。若者でも食事が不規則だと、便秘します。

しかし、規則正しい食事をきちんととっても、認知症の高齢者は便秘が簡単に解消されない場合があります。

これは、高齢になると皮膚や脳が老化するのと同じように、内臓機能も老化するからです。

内臓機能が老化すると、便をつくる大腸の働きも弱ってきます。特に認知症の高齢者では、排便が週に1～2回、ひどい場合は月に数回しかないという人もいるので正しいケアが必要です。

便秘薬に頼るのはダメ

大腸の働きが弱ってくると、便の移動がゆっくりになるため、便が長く大腸にとどまります。その間に、便の水分がどんどん体に吸収されていくので、便がかたくなります。

また、服用しているクスリの影響で、便の水分が奪われて、便秘しやすくなっていることもあります。

便秘というと、下剤を服用すればよいと思っている人も多いのですが、私は安易な下剤の使用には反対です。

下剤が効くと、腸の内容物が直腸のほうに下りてきます。しかし下りてくる量は少しずつなので、直腸はまとまった便として感じることができず、便意が促されません。これを「直腸性便秘」といいます。

つまり、**下剤を使うことで、かえって便秘を引き起こしやすい状態をつくってしまうのです。**

便秘の改善には、下剤の乱用を避けて、生活習慣を整えるようにしましょう。その際、食事では食物繊維をしっかりとることが大事です。

食物繊維には、水に溶ける水溶性食物繊維と、水に溶けない不溶性食物繊維があります。水溶性食物繊維は便をやわらかくする働きがあり、不溶性食物繊維は便のカサを増やして排便しやすくする働きがあります。

水溶性食物繊維も、不溶性食物繊維も、野菜やキノコ、豆類、海藻などに多く含まれているので、献立を考えるときは、これらの食品をうまく取り入れるようにしてください。

また、市販の「ファイバー」と呼ばれる食物繊維のサプリメントを、お茶やみそ汁に混ぜて摂るようにしてもよいでしょう。

水と運動で便秘や軟便を解消

水、運動、食事、排便という認知症の4つの基本ケアは、お互いに関係しあっています。実は便秘の解消に欠かせないのが水と運動です。

特に、水は便秘の特効薬といっても過言ではありません。認知症の家族の便秘を治したいのであれば、まず起き抜けに冷たい水を1杯飲ませてみましょう。家族も一緒に飲むようにすれば、抵抗なく飲んでくれるでしょう。

冷たい水を飲むと胃腸が刺激され、「胃大腸反射」という現象が起こって、腸が動くようになります。また、水を飲むことで便がやわらかくなり排泄しやすくなります。

さらに、水を飲んだ後で食事をすると、食べ終わった頃にお通じが起きやすくなります。そのタイミングでトイレに行くように促すと、排便サイクルが整いやすくなるでしょう。

なお、便秘が長引いたときなど、どうしても下剤を使わざるをえないときも、たっぷりの水と一緒に服用するようにしてください。下剤は周囲の水を便に吸収させることで排便しやすくします。つまり、水分が不足したままでは効果が得られないのです。

便秘の原因の1つに筋力の低下があります。排便するには腹筋が必要なので、筋力が低下していると、便が出にくくなってしまうのです。**運動も歩くだけでなく、簡単な腹筋運動を取り入れてみるのもよいでしょう。**

一方、認知症の高齢者のなかには便秘ではなく、軟便になっている人もいます。軟便は便失禁の原因にもなります。

軟便の場合は、便をかたくしなければなりません。これも運動が効果的です。運動すると、腸の働きがよくなり、腸内の余分な水分を吸収してくれるのです。また、軟便に対しても、食物繊維の多い食事を摂ることが大事です。

コラム　認知症の予防①

4つの基本ケアは予防にもなる

本章で述べた4つの基本ケア（水、運動、食事、排便）は、認知症の予防にも効果があります。とくに1日1500ccの水分補給は、健康な人も心がけてください。なんとなく頭がはっきりしないとか、「ぼんやり」や「うっかり」が増えていると感じているなら、「脱水」が起こっているのかもしれません。認知症になったのではないかと不安になるより前に、しっかり水分補給しましょう。

適度な運動も重要です。運動習慣がなく、ふだんから体をあまり動かさない人は、認知力が低下しやすくなります。歩くだけでよいので、積極的に体を動かすようにしましょう。運動習慣がついてきたら、ジムなどでパワーリハビリを行うのもよいでしょう。

健康な人の場合、食事は低栄養よりも、食べすぎによる肥満に気をつけましょう。肥満は高血圧や糖尿病、脂質異常症などの生活習慣病とつながりがあるため、認知症の要因になるだけでなく、心血管障害や脳血管障害を引き起こすリスクも高くなります。

また、歯周病を引き起こす歯周病菌も認知症の発症と関係していることが知られています。歯と歯肉のケアをして歯周病を防げば、入れ歯になることもないので、何でもおいしく食べることができるでしょう。

水分補給と運動、そして規則正しい食事（ただし食べすぎない）を実践すれば、便秘にもなりにくくなるので、健康な人も4つの基本ケアを意識しましょう。

第4章

認知症の8割が治る
症状別ケア

認知症を治す3つのステップ

タイプ別ケアでほとんどの症状は消失

認知症を治すには、３つのステップがあります。ステップ１は、第３章の４つの基本ケアのことで、認知症を治すためにすぐやるべきことです。特に水分摂取量が不足している場合は、１日１５００cc以上の水分を摂らせるだけで、意識の覚醒が促されて、症状が改善されます。そして、水分補給に合わせて、運動、食事、排泄のケアを行うことで体調が整い、認知力も高まってきます。介護する家族を悩ませる問題行動なども、早ければ１〜２日、長くても２〜３カ月で症状がなくなっていくでしょう。

ただ、４つの基本ケアだけでは、症状の改善が見られないこともあります。そ

認知症を治す3つのステップ

認知症のさまざまな症状 夜になると騒ぐ、拒否、乱暴な行動、異食、物集め、ぼんやり、場所がわからないなど	→ ステップ１ ４つの基本ケア（水・運動・食事・排便）	→ それでも改善しないときは ステップ２ その人の状態を観察し、タイプ別ケアを行う	→ さらに効果を高め、再発を予防するためには ステップ３ 地域の集まりなどに参加して、仲間をつくる

↓

症状がなくなれば、認知症は治ったといえる

※竹内孝仁『ボケの8割は「水、便、メシ、運動」で治る』（廣済堂出版）を一部改変

こで、第２ステップのタイプ別のケアを行います。これで、ほとんどの認知症の症状は消えてしまうでしょう。

しかし、症状がなくなっても、認知症は再発の可能性がある病気です。回復した認知機能が再び低下しないようにするのが第３ステップです。

そのためには、孤独感におちいることのないように、人と関わる機会を絶やさないことが重要です。

日常生活での仲間が増えれば、それが刺激となって、認知症の再発を防いでくれます。

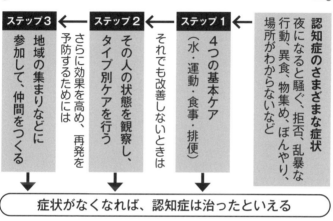

理由がわかれば対処法もわかる

ステップ2は、認知症のタイプ別ケアです。第1~2章で、認知症の人が書いた本の分析をしましたが、そこでわかったことは、認知症の人は、自分が今、どんな状況に置かれているかわからなくなっているということです。

私たちも、初めて訪れる場所で道に迷ったら、不安になります。認知症の人の不安はそれ以上です。場所の認知はもちろん、自分をとりまく状況がまったく認知できなくなるため、不安や混乱、つらさをつねに感じています。その状況からなんとかして遠ざかりたいという心の状態が、問題行動や異常行動として現われてくるのです。

介護する人に、問題行動や異常行動として見えるのは、認知症の人が起こしている行動だけを見ているからです。行動は表層でしかありません。認知症の人の、どんな心の状態がその行動を引き起こしているのかを理解しなければ、改善させることはできないのです。

問題がどのような形で表出するかは、その人の性格やキャラクター、どんな生活環境で育ったか、過去に就いていた職業などによって異なります。

また、行動の理由を知るには、「いつ」起こるのか、「どこで」起こるのか、「どのような状況」で起こるのかを確認することが重要です。これらをチェックするには巻末の認知症周辺症状チェック表を用いるとよいでしょう。

認知症には大きく分けて6つのタイプがあります。そこで、これから6つのタイプ別の対処法を述べていきますが、複数のタイプの混合型も珍しくありません。どのタイプかを見極めることよりも、その人が置かれている立場から理由を探っていくことが認知症を治すために必要なことです。理由がわかれば、どうすればよいか、その対処法も見えてきます。

認知症
6つのタイプ①

身体不調型

夕方になると興奮して困っているなら

1500ccの水分補給で症状が改善

夕方から夜にかけて騒ぐといった問題行動は、まず「身体不調型」を疑うべきです。身体不調型には便秘や、急性の病気などが原因のこともあります。便秘が原因の場合は、便秘が続いた後の排便の日に興奮して騒ぐというパターンが見られます。しかし、身体不調型でもっとも多いのは「脱水」によるものです。

特徴的な症状は、午前中から午後の早い時間までは穏やかなのに、夕方から夜になると興奮し始め、怒鳴ったり、暴力的になったり、ふいと外に出て行ってしまったりします。

日中でも落ち着きがなく、ウロウロ歩き回ったり、大声を出したり、意味不明のことを口走ったり、いつもぼんやりしているのに不快なことがあると急に粗暴になる、といった行動パターンも身体不調型の可能性があります。

身体不調型の対処法

夕方から夜にかけて不穏になるのは、日中の水分補給が不足して、脱水を起こしているからです。したがって、朝からしっかり水分補給を行っていくことが重要です。本人が水を飲みたがらない場合などは、前章で述べたように、家族が一緒に飲むなどして、水分補給を促しましょう。１日１５００cc以上の水分補給を続けて行くと、夕方以降に起こる問題行動は早くて2～3日でなくなります。

1週間から10日くらいの頻度でイライラしたり、興奮状態になるのは、便秘が原因の可能性があるので、排泄ケアをしっかり行いましょう。

また、低栄養で体力や日中の活動性が低下していることもあるので、食事のケアも大切です。4つのケアがきちんと行われているか、もう1度、見直してみましょう。

身体不調型の症例

実家が鋳造業だった男性（84歳）は、家業を継いで腕のよい職人となり、その後、工場を小さいながらも会社組織にして、経営者としても手腕を発揮してきました。

ところが会社を息子に譲り、仕事を引退してから、認知症の症状が出始め、アルツハイマー型認知症と診断されました。

男性は、夜になると落ち着きがなくなり、ウロウロ歩き回ったり、暴れたり、息子や妻に「お前らはバカだ」などと暴言を吐くようになりました。

やがて、ところかまわず放尿するようになり、そのことを叱ると、鬼の形相で怒鳴り返すのです。

結局、施設に入所させたのですが、症状は治まらず、他の入所者に迷惑をかけることを理由に施設を追い出されました。

次に入所した施設でも、最初は変わりませんでしたが、**男性の１日の水分摂取量が１日１６００cc前後であることがわかりました。**放尿癖があるため、自宅でも、先に施設でも意図的に水分を摂らせないようにしていたのです。

そこで、**新しい施設では男性の水分摂取量を増やすケアを始めました。すると、しだいに症状が落ち着いてきたので、散歩などの運動も開始しました。**

水分摂取量は段階的に増やし、**１日１４００ccまで増やした20日目には、男性の問題行動はすべてなくなりました。**

その後も、症状は改善されていき、今では新しい入所者の世話役を買って出るほど積極的になりました。

地域の活動や行事にも参加して、挨拶の言葉を述べるなど、元経営者らしい姿を取り戻しています。

認知症
6つのタイプ②

環境不適応型

デイサービスに行くのを拒否して困っているなら

新しい環境に慣れることで解決

新しい環境を全面的に拒否するのが特徴で、デイサービスやデイケアなど初めての場所、新しい場所に行くのを嫌がります。

施設の玄関先で、「イヤだ！入らない！」などと大騒ぎして拒否します。ようやく施設の中に入ることができても、食事や入浴、グループ行動などを拒否する行動を見せます。何度もすすめると、大声を出したり、乱暴な行動をとることもあります。

また、見慣れない人になじめないため、訪問介護で新しいヘルパーが自宅に入るのを嫌がり、「あの人は私のものを盗むから入れないで」などといって遠ざけようとすることもあります。

環境不適応型の対処法

見慣れない物や人、場所になじめないのは、認知力の低下による混乱と強い不安から、どうしていいのかわからなくなるからです。その結果、新しい環境を拒否する行動に出ているのです。

対処法としては、新しい環境に早く慣れてもらうようにすることです。「見慣れた人」や「気心の知れた人」ができることで、拒否の行動はだんだん減っていきます。

デイサービスなどの通所介護では、施設側の担当者を決めて、毎回同じ人が迎えに行き、施設内でもその人が接するといった対応をしてもらいます。グループ行動でも、同じ顔ぶれがそろうようにグループを固定してもらいます。

私たちの経験では、3～4回くらいで同じ担当者に慣れ、それまで拒否していた人も、自分から「行ってみようか」と思ってくれるようになります。

環境不適応型の症例

環境不適応型は、学者や教師などの高学歴男性、大工や料理人などの職人だった人などに多くみられます。

元大学教授の男性（72歳）は、大学をやめてから認知症を発症し、家族が介護していました。

だんだん手がかかるようになってきたため、デイサービスを利用して介護負担を減らすことになりました。

ところが、デイサービスの車が迎えにくると、「行きたくない！」といって玄関先で大騒ぎします。そのため、施設の利用を断られるということを何度も繰り返していました。

そこで、新しい施設では、迎えから施設内での世話まで、同じ人に担当してもらうようにしました。

それでも、最初のうちは迎えに行っても、「行かない！」と全面拒否されていました。

しかし、担当の人が粘り強く、迎えに行ったときに「こんにちは」とあいさつするなど、「言葉をかける」ことを繰り返しました。そのうち、ようやくその担当者に心を許して、デイサービスに行くようになったのです。

施設内でも、同じ人がケアを行うようにしました。最初は食事や入浴を嫌がっていましたが、だんだん嫌がらないようになり、行事やゲームなどにも参加して楽しむようになってきました。

ここまでくるのに2カ月かかりましたが、男性に無理強いすることなく、慣れるまで辛抱強く待ったことが功を奏したのです。

認知症
6つのタイプ③

認知障害型

迷子になったり尿失禁で困っているなら

水分量を増やしトイレに目印をつける

外に出かけて帰って来られなくなるとか、トイレの場所がわからなくなる、といった「場所」の認知ができなくなる症状が特徴的です。認知力の低下がもっとも純粋に症状として現われてくるため、認知障害型と名付けました。きっかけは関係なく、朝から晩まで「ここはどこ?」と言い続けるなど、自分が今置かれている状況がわからなくなることによる落ち着きのなさ、とまどい、オロオロした言動などを示します。

症状としては、近所のよく知っているはずの場所で迷子になったり、「ここはどこ?」「私はどうすればよいの?」などとしきりに訴えます。

また、トイレの場所がわからなくなって、迷っている間に失禁してしまうと、恥ずかしさを感じて、汚れた下着を隠してしまうこともあります。

さらに、引っ越しや入院などで環境が変化すると、状況がより複雑になるので、症状が悪化しがちです。

認知症障害型の対処法

認知力を上げるには、基本の4つの基本ケアをしっかり行うことが大事ですが、1500ccの水分摂取でも症状が消えない場合は、もっと摂取量を増やして意識の覚醒レベルを上げるようにします。

私が経験したケースでは、1日2200ccの水分量で症状が消えた人がいます。少しずつ、水分摂取量を増やしてみましょう。

また、トイレの場所がわからなくなって困っているなら、トイレの場所がわかるような工夫をするとよいでしょう。トイレのドアに小物や花など、目印になるものを下げておくと、気付いてくれることがあります。

認知障害型の症例

これは身体不調型、認知障害型に、認知障害型が加わったと思われる症例ですが、元大工の男性（85歳）は、妻を亡くしてから家に閉じこもりがちになり、認知症を発症しました。

まわりの人との会話が成立しなくなったり、夜になると妄想が起きて徘徊するようになったため、老人ホームへの入所が決まりましたが、あちこちに放尿したり、無断外出などを繰り返したため、利用を断られてしまいました。

その後、私が関わった施設に改めて入所することになったので、施設のスタッフの間で、男性の症状の分析が行われました。

その結果、男性の1日の水分摂取量が620ccと極端に少ないことがわかりました。放尿癖があるため、前の施設では水分を控えさせていたのです。

そこで、施設のスタッフは、１日１５００ccの水分摂取を目標にし、毎日の散歩とパワーリハビリで運動してもらいました。

トイレを探す様子から、男性の放尿の原因はトイレの場所がわからないからだということがわかりました。そこで、スタッフがトイレのドアを開けておくと、入所20日目には問題なくトイレに行けるようになりました。

また、男性は帰宅願望が強く、荷物をまとめて何度も家に帰ろうとしました。**しかし、スタッフは無理に引き止めようとせず、話を聞いたうえで、「行ってらっしゃい、気をつけて」と送り出し、物陰から男性を見守るようにしました。**

水分摂取量が1日１３００ccになると、男性はもう帰ろうとしなくなり、１４００ccで、トイレも問題なく行けるようになりました。

その後、男性は精神的にもすっかり落ち着きを取り戻し、地域の活動にも積極的に関わるようになっています。

認知症
6つのタイプ④

葛藤型

激しい怒りや物集めで困っている場合は

異食や物集めは一緒にスーパーに行く

心の中の混乱が怒りのような行動として現れます。認知症によって自分を不安にさせている現実と徹底して闘っているタイプです。

自分が置かれている状況がわからなくなり、そのいら立ちから、突然まわりの人を攻撃します。「～しないで！」「早く～して！」など制止、催促、注意の言葉をかけられると、暴力的になったりします。

また、異食（食べ物ではないものを食べる）や物集めをする人もいます。これは自分を孤独におちいっている現実と闘っていることの現れです。物集めでは、他人の持ち物や、共有のトイレットペーパーを持ってきたりします。

自宅で介護している場合、家族の姿が見えなくなると、家中を探し回ったりします。親しみを感じている人が近くにいないと不安になるのです。

葛藤型の対処法

制止、催促、注意を促すような言葉に気をつけます。「〜しないでね」とやさしく言葉をかけたつもりでも、本人は抑圧的に感じてしまうことがあります。この場合、心の中では不安や怒り、いらだちを感じているのです。

どんなことで感情が爆発するのか確認できたら、4つの基本ケアで意識レベルが上がってくるまで、問題行動を引き起こすような接し方を避けるようにしましょう。意識がはっきりしてくると、大声や暴力はなくなります。

異食や物集めの背景には孤独感があります。放置するとより孤独感を募らせるので、話しかけたり、一緒に食事するなど、家族といる時間を増やします。

スーパーやショッピングセンターに連れ出すと、問題行動が減っていくという報告があります。これは孤独を感じる意識を外に向けることが目的です。

葛藤型の症例

私が勤務していた特別養護老人ホームで経験した異食の人の改善例です。その女性（70代）は、目の前にあるものを何でも口にする異食の症状がありました。ティッシュペーパーはもとより、髪をとかすクシをバリバリかじっていることもありました。

施設のスタッフにしてみれば、「もしハサミを食べてしまったら？」という心配があります。しかし、24時間見張っていることもできません。

このような人にどう対処したらよいか考えていたとき、1人のベテランスタッフが、「彼女は1人になると異食するようです。私がいるときはしません」と口にしたことから、女性は孤独を感じているときに異食が起きるのではないかと考えました。

そこで、介護スタッフの勤務室に女性を呼んで、一緒にお菓子や果物を食べながらおしゃべりする機会を増やしたところ、その間は異食をしないことがわかりました。

さらに女性の部屋を、**勤務室の向かいの部屋に移動し、勤務室の出入りの際は、スタッフ全員が必ず女性の部屋をのぞいて、声をかけてあげるようにしたのです。**

それからは異食がだんだんなくなり、最後にはほとんど消えてしまいました。

私が見立てたように、女性が異食に走るのは孤独が原因だったのです。

ちなみに、この女性の経験から、私は認知症にいくつかのタイプがあることに気づきました。また、認知症の症状は何かきっかけがあって起こるということもわかりました。認知症の人の行動を観察して、そのきっかけに気づくことが、症状を改善することにつながります。

認知症
6つのタイプ⑤

遊離型

1日中ボーッとしている人を元気にするには

現実世界との結びつきをつくることで改善

現実から遊離し、まわりのことに興味や関心がなくなり、1日中何もしないでぼんやりしているタイプです。

身体不調型の人の低栄養や、体力不足でもぼんやりする症状が出ますが、それとは異なります。

遊離型はあらゆる物事にまったく無関心になっています。無表情で、動作もほとんどなくなるのが特徴です。

食べる意欲もなく、食事を出しても食べようとしません。他のタイプであれば、好きなものは食べようとしますが、遊離型はその人の好物であっても関心を示しません。スプーンで口に入れても、咀嚼や飲み込みをしようとしないので、食事の介助が必要になります。

体を動かそうとしないため、入浴も嫌がります。どのような働きかけに対しても、ボーッとしてほとんど反応しません。

遊離型の対処法

無関心やぼんやりは、認知力が低下し、何もわからなくなったという現実から、離れようとしていることがきっかけで起こっています。

こんな混沌とした状況の中で生きていくのは耐えられないので、体も心も現実から離れて自分を守っているのです。

したがって、この状態を改善するには、もう1度、現実世界との結びつきをつくってあげなければなりません。

日常生活の中で、その人にできるような、何か役割をつくってあげると、症状が消えていきます。

遊離型の症例

その男性（80歳）は、施設の入所当初、まわりにまったく関心を向けることがなく、1日中、いすに座ってボーッと過ごしていました。

食事が目の前にあっても、まるで食べ物が見えていないようです。「ごはんですよ」と、何度も声をかけられて、ようやく食事に気がつくのですが、自分から手を出そうとはせず、食事の介助をしてもらっても、まったく食べようとしませんでした。

そこで、4つの基本ケアで、少し意識レベルが上がってきた頃、男性が入所している施設の花壇の世話をしてもらうことにしました。

やってもらったのは、花の植え替えなどの簡単な作業です。最初は移植ごてを持つ手もほとんど動きませんでしたが、毎日土いじりをして、花壇が華やかになっていき、その様子を施設のスタッフや入所者たちが楽しむようになると、男性の意識レベルはさらに上がってきました。

数カ月後には、まわりの人たちとにこやかに会話できるようになり、元大工の腕を生かして、ちょっとした日曜大工的な作業をしてくれるくらいまで元気になりました。

このように、**遊離型は役割を持つことで症状が消えていきます。役割はその人が慣れ親しんだものがいいでしょう。かつて好きだったことや、得意だったことをやってもらうようにすると、うまくいきます。**

元大工だった男性は、道具を使って手を動かす作業が、大工仕事と通じるものがあったのでしょう。

最初のうちは手が動かなくても、しばらく続けていくうちに手が動くようになり、ぼんやりした時間が減っていきます。

認知症
6つのタイプ⑥

回帰型

若い頃の自分に戻ってしまう人には

その人の世界につきあうことで現実に戻る

懐かしい過去に戻っているタイプです。といっても、漫然と過去に戻っているのではなく、自分がもっとも楽しかった時代、もっとも光り輝いていた時代にしか戻りません。現実との関わりが見いだせない不安や混沌から、自分がもっとも輝いていた時代に戻って、自分を守ろうとしているでしょう。

男性では誇りをもって勤めていた頃に戻る人がいます。警察官、教師、役所職員だった人は、昔の職業に戻る人が少なくありません。

女性の場合、人形を抱いている人がいます。これは子育て時代に戻って子どもをあやしているのです。この時代が自分にとってもっとも充実していたのでしょう。女学生時代に戻る人もいます。

また、「うちに帰る」といって外出し、迷子になる人もいます。これは、子ども時代や新婚当初に住んでいた家などに帰ろうとしているのです。

回帰型の対処法

かつての仕事や役割などに戻って、当時の行動そのままにふるまうのが回帰型の特徴ですが、「今はもう違うでしょ」などと否定したり、「今はこうでしょう」と押しつけても、効果はありません。**演技でかまわないので、その人の過去に付き合うことがこのタイプを治す鉄則です。**

「家に帰る」といって外に出る場合も、一緒につきあって外出します。しばらく歩くうちに、自分から今の家に戻ろうとします。

過去から戻ってこられなくなるのではないか、といった心配はありません。一緒に過去の時代につきあっているうちに、心の中の不安が癒やされて、現実の世界に戻ってきます。過去に戻ることもしだいになくなってきます。

回帰型の症例

元車掌の男性（78歳）は、時計の鐘が夜の9時を打つと、その瞬間に起きてきて、「出発進行！」と叫んでいました。その後も、10時、11時、12時にもピッタリ起きて、安全確認を行います。この男性は元国鉄職員で、時計の時刻をきっかけに国鉄職員時代に戻り、駅の夜勤仕事をしていたのです。

そこで、男性が「出発進行！」と叫んだとき、そばに走りよって「本日の業務終了いたしました。ごくろうさまです」と敬礼してみると、「おお、ごくろうさま」といって、ベッドに戻っていくことがわかりました。当直の職員にも協力してもらい、しばらく1時間おきの「出発進行」につきあったところ、10日くらいで症状はなくなりました。

回帰型の症例をもう1つ紹介します。元保険外交員女性（78歳）は、現役時代、保険の勧誘のトップセールスレディでした。それが彼女の人生においてもっとも輝いていた時代なので、廊下ですれ違う人がいると、必ず保険の勧誘が始まります。そこで勧誘されるたびに「保険契約」につきあっていたのですが、だんだんそれがエスカレートしてきたのです。

外交は歩合給ですから、契約が増えるほど、「もっとたくさん契約をとろう」という行動に走ってしまうのでしょう。

そこで考えたのが、**配置換えでした。施設の事務所の一角にデスクを用意し外交員から内勤の仕事に代わってもらったのです。**

外交から内勤に仕事が替わったことで、女性は朝9時にはデスクに「出勤」し、簡単な家計簿レベルの支出入記入をしてもらうことにしました。

すると、1週間ほどで「出勤」してこなくなり、保険の勧誘もなくなってしまいました。それからは、すっかり症状が消え、だれからも好かれる女性に戻ったといいます。

人と関わるステップ3で再発を防ぐ

地域の集まりや趣味の仲間をつくる

認知症のタイプ別の対処法を述べてきましたが、この目的はタイプを特定することではなく、症状をなくしていくことです。同じような症状があれば、対処法を試してみて、それで症状が消えればよいのです。

大事なことは、第1～2章で分析したように、認知症の人がどんな状況に置かれているのか、それを理解しようとすることにあります。

そして、第1ステップの4つのケア（水、運動、食事、排泄）、第2ステップのタイプ別対処法でケアすれば、認知症の8割は治っていくでしょう。

問題となる症状が消えれば、認知症は治ったといってよいのです。次に必要な

ことは、症状が改善された状態を維持していくことです。認知症は、つねに再発の可能性がある病気です。回復した認知機能が再び低下しないようにするには、人と関わることが絶対に必要です。これが第3ステップです。

人との関わりがないと、認知症の人は孤独におちいってしまいます。これを防ぐには、地域の集まりに参加したり、同じ趣味を楽しめる仲間をつくることがとても大事です。

ところが、2020～21年にかけては、新型コロナウイルスの感染予防のため、地域の人との関わりは物理的にむずかしくなりました。それでも、施設内で仲間をつくるとか、何かしらの役割をもたせるといったことはできるでしょう。とにかく、人と関わることができる環境を用意することが大事です。

そして、コロナがおさまったら、地域の人との関わりができる方法を今のうちから考えておくことが重要です。

「信仰」が心のよりどころになることも

第1～2章で著書の内容を分析した認知症の人の中には、キリスト教会が人と交流する場所になっている人が何人かいます。

クリスティーンさん、マクゴーウィンさん、佐藤さんです。3人とも教会に通い、信仰を心のよりどころとしながら、信者どうしの交流も心の支えとなっています。

クリスティーンさんとマクゴーウィンさんの信仰との関わりは第2章（115ページ）で述べましたが、佐藤さんも日曜日の礼拝の他、聖書の勉強会や聖歌隊の練習などに参加しています。

佐藤さんは認知症と診断された日も、神に祈ったといいます。「そうすると、心に平安が戻り、眠りにつくことができ」、また「自分は自分であり、認知症になっても、なんら変わらない。いま生きているということは、目に見えない大きな愛によって支えられている」と書いています。

佐藤さんのように「信仰」を心のよりどころにしている人は、日本人には少ないと思いますが、ここにも認知症を治すヒントがあるような気がします。


趣味のない人は、ある人よりも認知症になる率が高くなるというコロンビア大学の研究があります。さらに同研究では、1人でやる趣味よりも、仲間と集団でやる趣味のほうが認知症になりにくいことも明らかにしています。

集団ではリーダーとしてみんなを引っ張っていく人や、グループのまとめ役の人、ムードメーカーとして場を盛り上げてくれる人、その趣味の情報に精通している人など、自然発生的に役割が生まれます。それを通じて社会的な交流が活発になり、孤独を防いでくれます。認知症の再発予防も同じで、孤独にさせないことが重要です。同じ趣味の仲間が増えて、みんなで楽しい時間を過ごしていけば、それが刺激となって認知症の再発を防いでくれるはずです。

症状と強さの記録で治っていくプロセスがわかる

第3章で述べたように、医師の診断名は、症状の改善には何の役にもたちません。確かに年をとれば誰でも多かれ少なかれ脳が萎縮します。微少な脳梗塞も起こって不思議はありません。しかし、それがわかっても認知症は治せません。脳で起こっている現象と、認知症の症状がまったく結びつけられていないからです。海外の研究者も、認知症と脳とは無関係であることや、もの忘れは正常な老化であることを論文で明らかにしています。そこでは、認知症のもの忘れと、老化によるもの忘れは一線が画されています。つまり、認知症は「記憶障害」ですらないのです。

また、これも第3章で述べましたが、**認知症はクスリでは治せません。認知症を治せるのは「ケア」だけです。**

そのためには、認知症の人の立場になって考え、なぜその症状が現れているのかを見極めなくてはいけません。それには第1〜2章の認知症の人が書いた本の分析が役に立つでしょう。

いずれにしても、まずやるべきことは第3章の4つの基本ケアです。特に1日1500ccの水分補給は脳の覚醒レベルを引き上げる効果があるので、認知症の人を介護している家族は必ず実行してください。

なお次章では、2020年から私が関わったグループホームの活動を紹介しています。その際に用いた認知症周辺症状チェック表（222ページ）は、症状の強さと、水分摂取量や排便などが記録できるようになっているので、どんなときに症状がどのくらい強くなっているか、逆にどうなると症状がどのくらい改善するかがわかります。

このチャートに記録することで、日々のケアによって、認知症が治っていくプロセスがわかるようになります。

コラム 認知症の予防②

「脳トレ」は効果なし、人と関わるほうが予防効果あり

近年、ゲーム感覚で行える計算トレーニングや漢字パズル、図形パズルなど、「脳トレ」と銘打ったゲームやドリルがブームになっています。しかし、これらの脳トレを行っても、認知症を予防する効果がないことは、科学的に証明されています。

2010年、イギリスのBBC（英国放送協会）とケンブリッジ大学のオーウェン博士らが、約1万1000人を対象に6週間にわたって行った調査の結論は、脳トレゲームに認知機能向上の効果は認められないというものでした。

脳トレは脳の血流を高める研究結果はあるものの、「認知」にどのような効果を与えるのかはわかっていません。

脳トレの計算ドリルで計算能力が高まるとか、漢字ドリルで漢字を忘れにくくなる、といった効果が多少期待できるかもしれませんが、認知症の予防には意味がありません。

1人で黙々と脳トレをやるよりも、外に出て人と会話したり、仲間と趣味を楽しむほうが認知機能の低下を防ぐ効果があり、これは科学的に明らかにされています。

孤独は認知症を発症させる大きなリスク要因の1つです。本章でも述べましたが、このリスクを避けるためにも、趣味を通じた仲間づくりをしておくことが大切なのです。

趣味だけでなく、地域のボランティア活動なども同様です。人と何かを一緒にやることのほうが認知症の予防には効果があるのです。

第5章

認知症ゼロのグループホームを目指して

認知症を治すための理論と方法

スタッフ教育から始める

この本は「認知症を治す」ための基礎理論と方法について書いてきました。筆者である私が大切にしているのは、「認知症のケアはこうあるべき」といった「あるべき論」ではなく、認知症の人びとの症状がなくなり、以前の平穏な生活に戻れる具体的な理論と方法が書かれていなければならないということです。

私たちは認知症を抱える家族に「認知症を治すケア」を教え、めざましい成果を上げている「あんしん生活実践塾」という活動に関わっています。この塾は地域の活動として、市区町村が主体となったり、社会福祉法人や医療法人、あるいは介護の専門学校が主催しています。

一方で、認知症の方々の施設としてよく知られているグループホーム（認知症高齢者を対象に少人数で共同生活をする施設）があります。私たちの関心は当然グループホームにも向けられており、機会があればそこの入所者の方々を元通りの平穏な生活に戻してあげたいと考えていました。

グループホームのほか、認知症の人びとは特別養護老人ホームにも入所しておられます。それらの施設では「認知症フロア」をつくってケアを行っているところが多くあります。

私の理論を学んでいる特別養護老人ホームでは、「おむつゼロ」の活動などと並んで「認知症のいない認知症フロア」もいくつか実践しています。

これらの施設では、入所のときには認知症のさまざまな症状をもっていた方々が、入所後のケアによって認知症の症状がすっかりとれ、仲間と楽しい平穏な生活を取り戻しています。

それならばグループホームでも同じことをやれないか、と思っていたところ、知人が理事長を務める社会福祉法人が、グループホームの新設にともない、私に指導を依頼してきたのです。

そこで「認知症ゼロのグループホーム」をつくろうということになりました。ここで紹介するのは、その経過報告です。

このグループホームは、東京都内にある2ユニット18名の定員から成る施設として、2020年4月にオープンしました。同年6月より介護スタッフの充足も見合わせつつ、10月にかけて14名の「認知症」の方が入所しました。

しかし、新型コロナウイルス感染症の流行と、おきまりの人材不足とで、まだ定員には達していません（2021年1月現在）。今回、報告するのはこの14名の方々についてです。

認知症ゼロを目指すには、まず「ケアスタッフ教育」から始めなければなりません。順を追って述べていくことにしましょう。

ケアスタッフ教育

介護職がケアスタッフの中心になるのはいうまでもありません。しかしここで私たちは難問にぶつかりました。最大の難問は、ケアスタッフが認知症とはどういう病気なのか知らないことです。本書の読者は驚かれるかもしれませんが、このことは医師、看護師、介護士など、すべての職種に共通する事実です。

どういう病気かを示すには、その病気の「定義」が必要です。ところが認知症に限っていうと、医学的な定義がありません。このため、認知症への対応の中心となる精神神経科の現場が混乱していて、第一線の医師から日本精神神経医学会に苦情の投書が寄せられる有様です。

認知症の定義だけではありません。第3章で述べたように、おもな認知症には、アルツハイマー型、脳血管性、レビー小体型、前頭側頭型があり、4大認知症と呼ばれています。しかし4つの型がそれぞれ、研究者や医師によってデータが異なり、認知症全体の中でどの型がどれくらいの割合で存在しているのかもわかっていません。

こうした状況は、東田勉氏の『認知症の真実』（講談社現代新書）に詳しく書かれております。東田氏は本の中で、「医者がいかに認知症をわかっていないかを書く」と述べていますが、これは本当のことです。

医師たちは、認知症を「後天的な知能の低下」が起こる病気で、「記憶がこの病気の中心」であり、その原因は「脳の異常」といった態度をとりつづけています。このような医療者ともいえないずさんなとらえ方は、看護や介護にも浸透し、ていねいな医療や看護、介護を妨げていると私は感じています。

どんな病気であるかを正しく知らないため、介護職たちが認知症の人を見る目は、「頭がおかしくなった人」「なにもわからない人」「異常なことを平気でする人」「手に負えない人」などとなりがちです。

これではていねいな介護やあたたかい介護ができるはずはなく、認知症ゼロのグループホームの実現は不可能です。

そこで最初にまずやるべきことは、スタッフの認知症観を改めていただくことです。これまで述べてきたように、認知症は「認知障害」によって生じるさまざまな症状を起こす病気です。最初に教えるのはこのことです。当然のことですが、「認知とは何か？」ということから理解していただきます。

認知障害によって起こる症状には、「人」「物」「時間」「場」の4つがあります。いま直面している症状が、4つのうち、どの認知障害に該当するのか説明できない場合は、その人を認知症とみなしてはなりません。

このルールは、介護職には認知症かどうかを判別する能力が求められることを意味します。

入所者の診断書に「認知症」と書かれているから認知症とするのではなく、自分で積極的に確かめていかなければならないのです。

症状の「出現状況」と「強さ」の記録

認知症の症状を取り去っていくには、日々のケアの経過を記録する記録票（チャート）が必要です。

このグループホームで用いるのは、全国老人福祉施設協議会の介護力向上講習会の中で開発されたチャート（認知症周辺症状チェック表）を用いています。

大切な情報となるのは、症状の「出現状況」（どの時間帯に現れたか）と症状の「強さ」です。

表1に示した利用者は、「1　声かけに突然怒り出す」と「2　帰りたい帰りたいとしきりに訴える」の2つ症状を持っています。それぞれを症状1、症状2とし、どの時間帯に現われたのか（出現状況）をチャートに記録します。

表1　認知症周辺症状チェック表【記入例】

No	言動の異常	タイプ判定
1	声かけに突然怒り出す	○○型
2	帰りたい帰りたいとしきりに訴える	○○型
3		
4		
5		

≪症状の強さ≫　数字のみ・・・軽い　①・・・普通　❶・・・強い　《排便》△

2020 年　4 月		4/8	4/9	4/10	/	/	/	/	/	/	/	/	/	/	/
	記入例														
起 床															
朝 食															
	△			❶											
				△				❶							
								△							
昼 食															
	❶														
			②												
		❷	2	②	2										
夕 食				1											
	1														
	①														
就 寝															
	①														
症状指数	2-4	1-3	1-3	2-6	1-1	0-0	0-0	1-3							
1日水分量	1320	1250	1400	1450	1500	1580	1600								
体重	45.8														
リーダーサイン															

その際、現われた症状の「強さ」がどの程度なのかを、「軽い」「普通または中等度」（以下、ふつう）「強い」の3段階に分けて記入します。

「軽い」症状なら症状番号のみ、「普通」なら①や②のように、○のついた症状番号を記入、「強い」場合は❶や❷のように黒の白抜き数字で表します。

△は排便の印で、いつ排便があったかも記入します。そして経過をみるためにこれらを指数化し、「軽い」は1点、「普通」には2点、「強い」には3点を与えます。

チャート下段の「症状指数」は経過をみるための1日のまとめです。「1－3」と記入されている場合、1はその日に現れた症状の数（種類）、3はその症状の強さの指数（点数）のすべてを加えたものです。

例えば、4月10日（4／10）を見ると、出現した症状の数（種類）は2つ、強さの合計は❶→3点、②→2点、1→1点の合計6点なので「2－6」と記入します。

認知力を向上させ症状を消していく方法

このチャートを見れば明らかなように、人の認知力はちょっとしたことで上がったり下がったりすることがわかります。例えば、寝不足で頭がぼんやりしていると、認知力は低下します。認知症を改善するには認知力を上げなければなりません。そこで、第3章で述べた4つの基本ケアをベースに、第4章で述べた社会交流を加えて認知力の向上を目指します。

水分は1日の必要量1500ccを基準とし、症状の消失状況をみながら増量します。これまで述べてきたように、水分は身体的ケアの基本であり、認知症ケアの成否を決定づけるもっとも大切なものです。

運動（歩行）は、水分と並んで重要なものです。幸い認知症の人の多くは歩けるので、1日に30分以上、散歩などの運動を行ってもらいます。

栄養は普通食を基本とし、1日に少なくとも1500キロカロリー以上摂ってもらいます。栄養不足（低栄養）は心身の活動性を失わせ、認知症の症状を悪化させます。

便秘は腸がうまく働いていないために起こります。昔から「便秘は認知症の大敵」といわれてきたように、全般的な体調や気分に影響するので、便秘中の認知症状の悪化は珍しくありません。

なお便秘対策として「下剤」を考えがちですが、これはすすめられません。下剤は排便を起こさせる代わりに腸内細菌を殺して腸のはたらきを悪くするからです。これでは「腸機能の正常化→体調・気分の改善」という目的とは真逆になってしまいます。

便秘は歩くこと、そして十分な水分、乳酸菌食品（ヨーグルトなど）、食物繊維などを摂ることによって改善できます。実際、下剤をまったく使わない施設も少なくありません。

社会交流とは一緒に外出を伴う行動など、他者と交流する活動のことです。「外出＋人との交流」により、単調になりがちな施設や在宅での生活に潤いをもたせ、気分を変え、刺激ある生活をもたらし、その中で認知機能も活性化していきます。

8割の認知症が治った

症状が消失、もしくはほぼ消失

14名の方の2020年12月までの経過を、211ページの「ケア結果の評価基準」にしたがってまとめたことを以下に記します。

認知症でなかった人が4名いた

読者には不思議に思われるかもしれませんが、初めにこのことを報告したいと思います。私たちが「認知症ではない」と判定するのは、「認知症の症状がまったくみられない」ことを根拠にしています。

血圧の高くない高血圧症や、血糖値の高くない糖尿病が存在しないように、病気を診断するためには症状がなければなりません。

逆に、症状がなければ日常生活における支障や困りごとはありません。実際、私たちが認知症でないと判定した4名の方たちは、日常生活に何の問題もなく、落ち着いた生活を送り、近所の商店街への散歩などを楽しんでおられます。

認知症の症状がないのに認知症（多くはアルツハイマー型）と診断されているケースは、在宅生活の人を対象とした「あんしん生活実践塾」でも、10人に1～2人は見受けられます。

表2　ケア結果の評価基準（症状別）

〔消失〕

①１カ月以上その症状がない

②その後に現れても週１回以下で「軽い」

〔ほぼ消失〕

①症状があっても週１回以下で「軽い」

〔中等度改善〕

①症状頻度が最も多いときの1/2

②かつ２日に１回以下

③強さの合計点数も最強時の１/２以下

④かつ「強い」症状がない

上記①②③④のすべてを満たすとき

〔一部改善〕

①１カ月間、症状の強さ合計が最強時の１/２以下になっている

〔不変〕上記のいずれにも該当しない

そのほとんどは、家族が「もの忘れがある」と訴えたことを根拠に、長谷川式認知症テストを行い、その点数が20点以下であったので認知症と診断されています。いわば現代の認知症医療の欠陥の犠牲者ともいうべき方々でしょう。

ケアの成果を判定する基準

認知症ケアの成果を正しく判定するためには、基準を設ける必要があります。例えば、「目を離すと毎日みられていた徘徊」という症状があれば、その症状が消えたかどうかです。そこで各症状について次のような基準を設けることにします。これは1つの症状の推移を評価するものです。この評価基準から、私たちは総合的に「治った」と判断する総合評価を次のように設定しました。

すべての症状が「消失」または「ほぼ消失」まで改善した場合を「治った」と判定する「総合評価」を設定

表3　Eさんの6〜7月の症状

No	言動の異常	タイプ判定
1	出入り口の側から離れない	認知障害型（場）
2	その時々で特定の人と一緒に行動したがる	認知障害型（場）
3	トイレ以外の場所で排便、排尿する	認知障害型（場）
4	他居室へ無断で入る	認知障害型（場）
5	靴を履かずに過ごそうとする	認知障害型（場）

≪症状の強さ≫　数字のみ・・・軽い　①・・・普通　❶・・・強い　《排便》△

2020年　6月	6/24	6/25	6/26	6/27	6/28	6/29	6/30	7/1	7/2	7/3	7/4	7/5	7/6	7/7
0:00														
1:00												1		
2:00														
3:00			③				△							
4:00	5			△				△				△		
5:00	△					△			5					
起床 6:00			△		4									
7:00				4										
朝食 8:00														
9:00		△				△						△		③.△
10:00				4							△			
11:00	4			4.△		1	4						1	4
昼食 12:00										❶				
13:00												2		
14:00			①②④						△①				①	
15:00		△							①			1	①.⑤	4
16:00			①					1		①				④
17:00			5							①			3.4 △	
夕食 18:00														
19:00										❹				
20:00					△									
就寝 21:00										①				
22:00		5						5						
23:00					3			△						
1日水分量	990	1120	1750	1380	1300	1300	950	1530	1230	1060	1340	1290	950	950
担当者サイン														
主任サイン														
特記事項（日付も記載）	6/21 よりイクセロンパッチ中止 7/7　9：30　浴槽内に排便を確認。また、居室内にビニール袋に入った便を確認。													

具体例として、症状のすべてが消失して「治った」と判定されたEさんの経過をチェックシートでみてみましょう。

２１３ページは２０２０年６月24日から７月７日までのチャートで、Ｅさんの入所初期にあたります。

また、この時期は気温が上がり汗をかくので、水分摂取量が不足しがちです。水分が不足すると症状が出やすくなります。

これに対し、２１５ページが10月14日から27日までのチャートです。夏の症状頻発を経て、ほぼ消失にいたったことがわかります。

次に認知症ではなかった人を除く、10名の方の症状と、その６カ月後の結果をご覧下さい（２１７ページ表５）。先に示した「治った」とする基準に照らすと、８名（８割）の認知症が治ったことになります。すべての症状の結果をまとめると２１９ページ表６のようになります。

表4　Eさんの10月の症状

認知症薬	■無　□有（　　　　）	下　剤	■無　□有（　　　　）
No	言動の異常		タイプ判定
1	トイレ以外の場所で排便、排尿する		認知障害型（場）
2	他居室へ無断で入る		認知障害型（場）
3	靴を履かずに過ごそうとする		認知障害型（場）
4	ズボンとパンツを下ろし、居室から出てくる		認知障害型（場）
5			

≪症状の強さ≫　数字のみ・・・軽い　①・・・普通　❶・・・強い　《排便》△

2020年　10月	10/14	10/15	10/16	10/17	10/18	10/19	10/20	10/21	10/22	10/23	10/24	10/25	10/26	10/27
0:00														
1:00														
2:00														
3:00														
4:00														
5:00														
起床 6:00														
7:00														
朝食 8:00														
9:00														
10:00	△													
11:00					△			△						
昼食 12:00														
13:00		2											△	
14:00														
15:00		△												△
16:00														
17:00														
夕食 18:00														
19:00														
20:00	△						△少							
就寝 21:00														
22:00										△多				
23:00														
症状指数	0-0	1-1	0-0	0-0	0-0	0-0	0-0	0-0	0-0	0-0	0-0	0-0	0-0	0-0
1日水分量	1310	1270	1485	1160	1540	1050	1330	1170	1220	1490	1140	1600	1410	1380
体重														
リーダーサイン														
特記事項（日付も記載）	5/10 よりメマリー中止 6/21 よりイクセロンパッチ中止													

クスリは認知症ケアの効果をさまたげる

服用を中止しても症状は悪化しない

認知症と診断されるとクスリを処方

私たちが「認知症ゼロ」を目標に行っているケアは、医療界では「非薬物療法」と呼ばれています。認知症の非薬物療法とは、薬や注射以外の方法で認知症を治すということです。

認知症と診断され、病院や診療所で治療を受けている方々は、ほぼ全員が「認知症のクスリ」を処方されています。

私たちはこれまで行ってきた「あんしん生活実践塾」(在宅生活での認知症ケアの取り組み)の経験から、次の事実を確認しています。

表5　すべての症状の結果まとめ

- 認知症の方は10名
- 症状総数は43
- そのうち

消失	39（86.1%）	合計 94.5%
ほぼ消失	4（9.3%）	
中等度改善	1（2.3%）	
一部改善	0	
不変	1（2.3%）	

①認知症の進行を遅らせるといわれて使用されているクスリは、今回取り上げた認知症の症状改善には何ら効果なく、むしろ効果を上げている「非薬物療法」の足を引っ張るものでしかない。

②私たちのこれまでの経験から、夜間不眠などに用いられる睡眠導入剤や、精神安定剤、抗うつ剤、抗不安薬などの「抗精神病薬」と呼ばれるクスリも「百害あって一利なし」ということがわかっているので、できるだけ中止するようにしている。

「できるだけ」としたのは、認知症の方が利用する施設は、どこも精神科や神経内科の医師が非常勤で相談に乗っているのが普通なので、これらの医師を説得するのがひと苦労だからです。

しかしこちらの粘り強い交渉の結果、中止できたのは6剤6名（いずれも認知症薬）ありました。もちろん中止によって悪化した症状はまったくなく、むしろ症状の消失などをもたらしています。

表6 認知症の10名の症状と6ヵ月後の結果

氏名		初回の症状	結果
A	①	洗面台やゴミ箱に排尿する	ほぼ消失
	②	チラシや書籍を集めている	消失
	③	服を重ねてきている（日中の服、パジャマ問わず）	消失
	④	状況に関係なく一つのことに執着する	消失
	⑤	食事をぐちゃぐちゃにする	ほぼ消失
	⑥	突然怒り出す	消失
B	①	何でこんな目に合わないといけないの	消失
	②	夕飯の買い出しに行きたいんだけど誰か連れて行ってくれない?	不変
	③	スーパーに買い出しに行きたいんだけど誰か連れて行ってくれない?	消失
	④	トイレ、不安、不調の訴えにて、しきりに職員を呼ぶ	消失
C	①	「今日は多摩テックに行く日」「さっきおとうさんが来た」など、実際とは異なる話	ほぼ消失
	②	夫の居場所を何度も尋ねる	中等度
	③	大声で夫を探す	ほぼ消失
	④	「○○さんと不倫してる」という	消失
D	①	自室やトイレの場所を忘れ、脱衣所や他者様の居室に入ろうとされる	消失
E	①	出入口の側から離れない	消失
	②	その時々で特定の人と一緒に行動したがる	消失
	③	トイレ以外の場所で排便、排尿する	消失
	④	他居室へ無断で入る	消失
	⑤	靴を履かずに過ごそうとする	消失
	⑥	ズボンとパンツを下ろし、居室から出てくる	消失
F	①	おしぼりやペーパータオルを居室に持ち帰る	消失
	②	今日、泊りですよね?帰るんだっけ?と職員に確認する	消失
G	①	リビングと居室を繰り返し行き来する	消失
	②	荷物をまとめて持ってくる	消失
	③	家族が荷物を取りに来る事になっている	消失
	④	家に帰りたい	消失
	⑤	家族の食事の心配をする	消失
	⑥	夜中に起きてきて何度も「おはよう」「まだ早い?」等と繰り返す	消失
	⑦	支払いをしようとする	消失
	⑧	繰り返し同じ訴えをする。（電気、エアコン等）	消失
H	①	今日は何時に家に帰りますか	消失
	②	供用の物（ドアストッパー）、使い捨ての物（おしぼり、アルコール綿）を居室にしまい込む	消失
	③	支払いをすると言う	消失
I	①	洗面台やコップに排尿する	消失
	②	ペーパータオル、ティッシュを部屋にため込む	消失
	③	施設の物（売店の品物、カフェのシロップ）を持ち帰る	消失
	④	三角コーナーの残飯を食べる	消失
	⑤	盛り付けなどの際つまみ食いをされてしまう	消失
J	①	誰かの声が、亡くなった主人の声が聞こえてくる	消失
	②	今、頭の中で息子と通信したら、私の家に戻って住んでくれると言ってくれた	消失
	③	息子から、下に迎えの車がきてると言われた、と訴えて荷物をまとめて出てくる	消失
	④	家の中の荷物を○○さんに持っていかれた	消失

なぜ治らない人がいたのか？

十分な水分摂取で症状は消える

原因は水分が不十分だった

最後に、6カ月で治らなかった人たちの原因について考えてみましょう。結論からいうと、原因は「水分が不十分」だったことにつきます。

Bさんの水分摂取量は1日あたり、900〜1000ccほどでした。またBさんは6カ月の間に2度、「腎盂炎」と「肺炎」で10日ほど入院しています。2つの病気は脳梗塞とともに、水分不足が誘因となることが知られていて、このことはケアスタッフも知っています。

ところが、水分補給が大切なことをわかっていながら、「水分をとりたがらない B さん」にスタッフは敗けてしまったのです。このスタッフの責任は重いというべきで、これからの課題でもあります。

もう1人のCさんも、治らなかったのは「水分不足」が原因であると考えています。ただしこの方は毎日1500cc前後の水分はとっていました。

しかしCさんは、「足のむくみ」「3カ月に4・5kgの体重増加」「心臓の異常」などの症状があることから、看護師の主張により利尿剤（ラシックス）が投与されていました。利尿剤は水分を強制排出させるクスリなので、その分を考慮して水分補給を行わなければなりません。

私たちは利尿剤を服用していたり、糖尿病で排尿量が増える方に対しては、1日の水分量の基準を1800ccとしています。

この水分量に達していなかったことが、Cさんの症状を残存させた原因とみています。今後、医療スタッフとの話し合いが必要といえるでしょう。

認知症周辺症状チェック表

施設No.		施設名				Case.No	
利用者イニシャル			年齢	歳	要介護度		認知症自立度
水分量	ml	栄養量	Kcal	排便	1回／　日		
(慢性) 心不全の診断	□なし □あり	→ 水分制限指示 →	□なし □あり	(　ml／日)			
認知症薬	■無 □有 (　)		下剤	■無 □有			

No	言動の異常	タイプ判定
1		
2		
3		
4		
5		

≪症状の強さ≫　数字のみ・・・軽い　①・・・普通　❶・・・強い　《排便》△

2020年　月														
0:00														
1:00														
2:00														
3:00														
4:00														
5:00														
起床 6:00														
7:00														
朝食 8:00														
9:00														
10:00														
11:00														
昼食 12:00														
13:00														
14:00														
15:00														
16:00														
17:00														
夕食 18:00														
19:00														
20:00														
就寝 21:00														
22:00														
23:00														
症状指数														
1日水分量														
食事摂取率(%)														
推定摂取 ckal														
体重														
特記事項 (日付も記載)														

著者紹介

竹内孝仁(たけうち・たかひと)

1941年東京都生まれ。日本医科大学卒業後、東京医科歯科大学助教授、日本医科大学教授を経て、2004年より国際医療福祉大学大学院教授。1973年から特別養護老人ホームにかかわり、おむつはずし運動などを展開。80年代から在宅高齢者のケア全般にかかわる。日本ケアマネジメント学会理事、パワーリハビリテーション研究会会長など多数の委員等を歴任。2021年、同大学を退官。現在は一般社団法人日本自立支援介護・パワーリハ学会会長として活躍。

薬に頼らず認知症を治す方法

2021年12月20日　初版第1刷発行

著　者　竹内孝仁
発行者　澤井聖一
発行所　株式会社エクスナレッジ
〒106-0032　東京都港区六本木7-2-26
https://www.xknowledge.co.jp/
問合先　編集 TEL.03-3403-6796　FAX.03-3403-0582
info@xknowledge.co.jp
販売 TEL.03-3403-1321　FAX.03-3403-1829